Eishockey Grundlagen

ARMIN HUMMERNBRUM
FRIESENSTRASSE 19
50670 KÖLN

Zdeněk Pavliš

Eishockey
Grundlagen

Meyer & Meyer Verlag

Originaltitel: Abeceda Hokejového Bruslení
© Zdeněk Pavliš, 1996
Übersetzung aus dem Tschechischen: Aleš Tvrzník

Eishockey Grundlagen

Bibliografische Information der Deutschen Bibliothek
Die Deutsche Bibliothek verzeichnet diese Publikation in der Deutschen
Nationalbibliografie; detaillierte bibliografische Daten sind im Internet über
http://dnb.ddb.de abrufbar.

Alle Rechte, insbesondere das Recht der Vervielfältigung und Verbreitung sowie
das Recht der Übersetzung, vorbehalten. Kein Teil des Werkes darf in irgendeiner Form –
durch Fotokopie, Mikrofilm oder ein anderes Verfahren – ohne schriftliche Genehmigung
des Verlages reproduziert oder unter Verwendung elektronischer Systeme verarbeitet, ge-
speichert, vervielfältigt oder verbreitet werden.

© 2003 by Meyer & Meyer Verlag, Aachen
Adelaide, Auckland, Budapest, Graz, Johannesburg, New York,
Olten (CH), Oxford, Singapore, Toronto
Member of the World
Sportpublishers' Association (WSPA)
2. Auflage 2007
Druck: B.O.S.S Druck und Medien GmbH, Goch
ISBN 978-3-89899-298-5
E-Mail: verlag@m-m-sports.com
www.dersportverlag.de

Vorwort 7

1
Eislaufen im Eishockey 9
Voraussetzungen für ein
erfolgreiches Eislauftraining 10

2
Eislaufen vorwärts 15
Richtige Technik........................16
Methodische
Tipps/Trainingsschwerpunkte 21
Hauptfehler in der Technik.............30

3
Eislaufen rückwärts 33
Richtige Technik........................33
Methodische
Tipps/Trainingsschwerpunkte 36
Hauptfehler in der Technik.............41

4
Bremsen und Anhalten 43
Bremsen beim Vorwärtslaufen 44
Richtige Technik........................44
Methodische Tipps/
Trainingsschwerpunkte 48
Hauptfehler in der Technik.............49
Bremsen beim Rückwärtslaufen 50
Richtige Technik........................50
Methodische Tipps/
Trainingsschwerpunkte 52
Hauptfehler in der Technik.............53

5
Bogenlaufen 55
Richtige Technik........................55
Methodische Tipps/
Trainingsschwerpunkte 57
Hauptfehler in der Technik.............60

6
Übersetzen vorwärts 63
Richtige Technik........................63
Methodische Tipps/
Trainingsschwerpunkte 66
Hauptfehler in der Technik.............69

7
Übersetzen rückwärts 71
Richtige Technik........................71
Methodische Tipps/
Trainingsschwerpunkte 72
Hauptfehler in der Technik.............75

EISHOCKEY
GRUNDLAGEN

8

Drehungen 77
Richtige Technik – Drehungen beim
Vorwärts- ins Rückwärtslaufen..................77
Drehung auf beiden Schlittschuhen 77
Drehung auf einem Schlittschuh 78
Drehung durch Umtreten von einem
auf das andere Bein 78
Drehung im Bogen 79
Richtige Technik – Drehungen beim
Rückwärts- ins Vorwärtslaufen...................81
Drehung auf beiden Schlittschuhen 81
Drehung durch Umtreten von einem
auf das andere Bein 81
Methodische Tipps/
Trainingsschwerpunkte 83
Hauptfehler in der Technik 84
Starts 87

9

Richtige Technik 87
Start vorwärts aus dem Stand....................87
Start seitwärts aus dem Stand 89
Start vorwärts aus dem
Vorwärtslaufen 89
Start vorwärts in die Gegenrichtung
nach dem Anhalten aus dem
Vorwärtslaufen 90
Start vorwärts nach dem Anhalten
aus dem Rückwärtslaufen 92
Start seitwärts aus dem
Rückwärtslaufen 94
Methodische Tipps 95
Hauptfehler in der Technik 97

10

Gewandtes Eislaufen 99

11

**Kleine Bewegungsspiele
auf dem Eis** 103

12

Eislaufübungen 113

Symbole 127

Bildnachweis 128

VORWORT

In diesem Buch versuche ich, die bisher mehr oder weniger bekannten theoretischen und praktischen Erkenntnisse aus dem Bereich Eishockey-Eislaufen zusammenzufassen. Darüber hinaus stelle ich gleichzeitig praktische Erfahrungen vor, die ich im Laufe langjähriger Trainingsarbeit schrittweise gewonnen und auch praktisch überprüft habe.

Ich beschreibe die Grundtechniken des Eislaufens aus der technischen und methodischen Sicht inklusive der Beschreibung der einzelnen Lehrstufen. Der gesamte Text wird durch zahlreiche Zeichnungen und Bildserien ergänzt. Dies sollte vor allem für diejenige nützlich sein, die erst mit der Trainingsarbeit mit Kinder beginnen und selbst nicht über so viel praktische Erfahrung verfügen.

Die einzelnen Eislauftechniken sind so gegliedert, dass ihre Beschreibung der bewährten vollständigen Systematik entspricht. Die Gliederung erscheint auf den ersten Blick ziemlich ausführlich, jedoch der Leser stellt schnell fest, dass es sich nur um die Grundbewegungen und Fertigkeiten handelt, die für ein richtiges Eislaufen nötig sind. Bei jeder einzelnen Technik sind auch die häufigsten Fehler beschrieben.

Für praktische Zwecke befinden sich im Buch 25 kleine Bewegungsspiele auf dem Eis und 45 Eislaufübungen, die zur Verbesserung der Eislauffertigkeiten dienen. Die vorgestellten Übungen sollen Anregungen bieten, mit ihrer Hilfe kann der Trainer kreativ andere Varianten vorbereiten.

Ich bin mir bewusst, dass dieses Buch keinen vollständigen Überblick über alle Erkenntnisse und Erfahrungen des Eislaufens im Eishockey anbieten kann. Dennoch habe ich versucht, das Wichtigste zu dieser Thematik auszuwählen. Die Beurteilung, ob es gelungen ist oder nicht, überlasse ich dem Leser. Jedenfalls bin ich für Bemerkungen und Anregungen dankbar.

Zdeněk Pavliš

1 EISLAUFEN IM EISHOCKEY

Als schnellste Mannschaftssportart ist Eishockey durch richtiges Eislaufen stark geprägt. Eislaufen im Eishockey gehört zu den schwierigsten Fähigkeiten und verlangt eine relativ lange Übungszeit. Seine Beherrschung ist von vielen Parametern abhängig. Ein ausgezeichneter Spieler muss unbedingt über alle Eislauffertigkeiten verfügen.

Ein perfektes Eislaufen stellt für den Spieler den notwendigen Ausgangspunkt für alle technischen und taktischen Fähigkeiten dar. Soll der Spieler verschiedene Spielfertigkeiten (Schießen, Verteidigen usw.) in einer hohen Geschwindigkeit realisieren und dabei immer den Spielablauf kontrollieren, ist es äußerst wichtig, dass er sich auf diese Tätigkeiten und nicht auf das Eislaufen konzentriert. Das Eislaufen ist somit ein Grundbaustein, auf dem andere einzelne Steine – Eishockeyfertigkeiten – aufbauen.

Mit dem Eislaufen sollten die Kinder als junge Eishockeyspieler im Alter 5-6 Jahren beginnen und in den ersten beiden Jahren sollte mehr als 80 % der Trainingszeit aus dem Eislaufen bestehen.

Für ein wirksames Eislauftraining der Kinder ist eine praktische Vorführung unbedingt nötig. Wenn der Trainer selbst das Eislaufen nicht perfekt beherrscht, sollte er die Demonstration den aktiven Spielern überlassen. Neben der Möglichkeit der visuellen Vorführung ist es auch deswegen wichtig, weil so können die jungen Spieler die Erwachsenen nachmachen.

Wichtig beim Eislauftraining ist der Raum, in dem sich der junge Spieler bewegen kann. Auf einem kleinen Spielfeld muss er oft übersetzen und die Richtung ändern. Im Gegenteil – der große Raum bietet gute Bedingungen für das Gleiten.

Auch der nächste Faktor spielt in der Technik des Eislaufens eine bedeutende Rolle. Es handelt sich um die Qualität der Eisfläche. In der Trainingspraxis hört man oft Meinungen, dass die jüngsten Eishockeyspieler kein perfektes Eis benötigen. Die Praxis zeigt jedoch ganz eindeutig, dass gut vorbereitete Eisflächen zu den wichtigsten Voraussetzungen für ein erfolgreiches Eislauftraining gehören.

EISHOCKEY
GRUNDLAGEN

Voraussetzungen für ein erfolgreiches Eislauftraining

- Das Training sollte mindestens 3 x wöchentlich – in einem Zeitrahmen von 60 Minuten – stattfinden (ausgenommen von der allgemeinen Vorbereitung außerhalb der Eisfläche).
- Für das Training muss eine gut vorbereitete Eisfläche zur Verfügung stehen.
- Am Training sollten Assistenten teilnehmen. Diese ermöglichen es, die Mannschaft in kleine Gruppen aufzuteilen (am besten 5-6 Spieler pro Gruppe).
- Als Trainingsformen werden Spielformen bevorzugt.
- Für das Eislauftraining ist es nicht notwendig, eine vollständige Eishockeyausrüstung zu tragen. Für die Anfänger reicht: der Helm mit komplettem Gesichtsschutz, die Handschuhe (müssen nicht unbedingt speziell für Eishockey sein), die Ellbogen- und Schienbeinschützer, der Stock in der richtigen Länge (er reicht dem auf dem Schlittschuh stehenden Spieler bis zum Kinn, siehe Abbildung 1).

Abb. 1

EISLAUFEN IM HOCKEY

- Für die richtige Eislauftechnik muss große Aufmerksamkeit auf die Auswahl der Schlittschuhe gerichtet werden. Es geht vor allem um die richtige Größe und die Qualität. Ein optimaler Schlittschuh ist so groß, dass es innen noch Platz für Socken gibt. Die besten Schuhe sind diejenigen mit einer traditionellen Schnürung und einem integrierten Knöchelschutz. Die Kufen müssen natürlich geschliffen werden.

- Das Training aller Fertigkeiten sollte zeitgemäß ausgeglichen erfolgen. Alle Übungen müssen **beidseitig** (zum Beispiel das Übersetzen rechts und links) und in **beide Richtungen** (Eislaufen rückwärts genauso häufig wie vorwärts) trainiert werden. Jeder Mensch schafft dennoch jede Übung auf einer Seite besser als auf der anderen (meistens handelt es sich um die linke Seite). Deshalb beginnt das Training jeweils mit der Seite, die für den Spieler einfacher ist (beispielsweise das Übersetzen nach links). Erst später wird auf der schwierigen Seite geübt und zwar öfter als im ersten Fall.

- Die Grundlagen des Eislaufens werden erst ohne Stock mit einem fixierten Oberkörper geübt. Die Fixierung ermöglicht es später, die Handbewegungen (die Puckführung oder das Schießen) von den Bewegungen der Beine abzutrennen. Deshalb wird als Ausgangsposition für das Training ein Stand mit seitwärts gestreckten Armen empfohlen. Die Arme befinden sich dennoch ein wenig unterhalb der Schulterebene und ein Stück weit vorne, sodass der Spieler beide Daumen im eigenen Gesichtswinkel hat. Eine andere empfohlene Stellung für das Festhalten der Arme ist die Lage mit hinter dem Rücken verschränkten Armen, wobei sich die Hände am Ellbogen fassen.

- Nach der Beherrschung aller Grundlagen des Eislaufens ist es nötig, möglichst alle Übungen auch mit dem Stock zu üben.

- Je nach der persönlichen Fähigkeiten werden die Spieler in kleine Gruppen verteilt. Einzelne Gruppen absolvieren dann ein unterschiedliches Trainingsprogramm.

- Eine perfekte Vorführung kombiniert mit verständlichen Erklärungen des Trainers entsprechend der Altersklasse.

EISHOCKEY
GRUNDLAGEN

- Weitere Methoden haben sich in der Praxis vollkommen bewährt. Denoch bleiben sie nicht für immer unverändert. Es ist durchaus möglich und manchmal sogar ratsam, je nach den Fähigkeiten der Schlittschuhläufer, mit manchen Übungen früher zu beginnen oder manche auszulassen, um sie später einzufügen. Mehrere Fertigkeiten lassen sich auch gleichzeitig trainieren. Jeder Trainer muss fähig sein, diese Tatsache zu beurteilen und eine richtige Reihenfolge auszuwählen, damit das Training effektiv und problemlos verläuft.

- Die langjährigen Erfahrungen zeigen, dass für eine Schulung der Grundfertigkeiten auch der Eiskunstlauf sehr gut geeignet ist.

Empfohlene Reihenfolge für das Training der einzelnen Eislauffertigkeiten:

- Eislaufen vorwärts
- Bremsen beim Vorwärtslaufen
- Bogenlaufen und Übersetzen vorwärts
- Rückwärtslaufen
- Bremsen beim Rückwärtslaufen
- Übersetzen rückwärts
- Drehungen
- Starts
- Gewandtes Eislaufen

Aus systematischen Gründen sind einzelne Eislauffertigkeiten in diesem Buch anders gegliedert. In der Praxis hat sich dennoch die empfohlene Reihenfolge bewährt.

EISLAUFEN IM HOCKEY

2 EISLAUFEN VORWÄRTS

Bevor die eigentliche Technik und Methodik der Eislauffertigkeiten behandelt werden kann, muss zunächst die richtige **Grundstellung** beschrieben werden. Die Beine sind im Hüft-, Knie- und Knöchelgelenk gebeugt. Der Winkel im Kniegelenk liegt zwischen 90° und 120°. Der Kopf wird aufgerichtet, der Spieler richtet seinen Blick vor sich auf eine Entfernung von etwa 30 m. Der Stock wird mit beiden Händen gefasst (siehe Abbildung 2a und 2b). Es gibt zwei Varianten der Grundstellung – ein **hoher** und ein **tiefer** Stand. Beim tiefen Stand sind die Beine mehr gebeugt, wobei so günstigste Bedingungen für den kräftigen Abstoß bestehen. Bei dieser Variante tritt eine schnellere Muskelermüdung auf. Das Körpergewicht wird mehr nach vorne verlagert. Die Grundstellung ist individuell so anzupassen, damit der Körper nicht verspannt, sondern locker bleibt.

Abb. 2a und 2b

Richtige Technik

Das **Vorwärtslaufen**, das von der bereits beschriebenen Grundstellung ausgeht, ist eine Grundbewegung jedes Eishockeyspielers. Es handelt sich um eine zyklische Bewegung, die in folgende Phasen gegliedert ist:

- **Aufsetzen**
- **Abstoß und Gleiten** (vorwärts und seitwärts)
- **Übertragen**

Für das **Aufsetzen** der Schlittschuhe auf das Eis ist es wichtig, dass sich beide Beine in der so genannten **T-Stellung** („Ferse hinter Ferse") befinden (siehe Abbildung 3a und 3b).

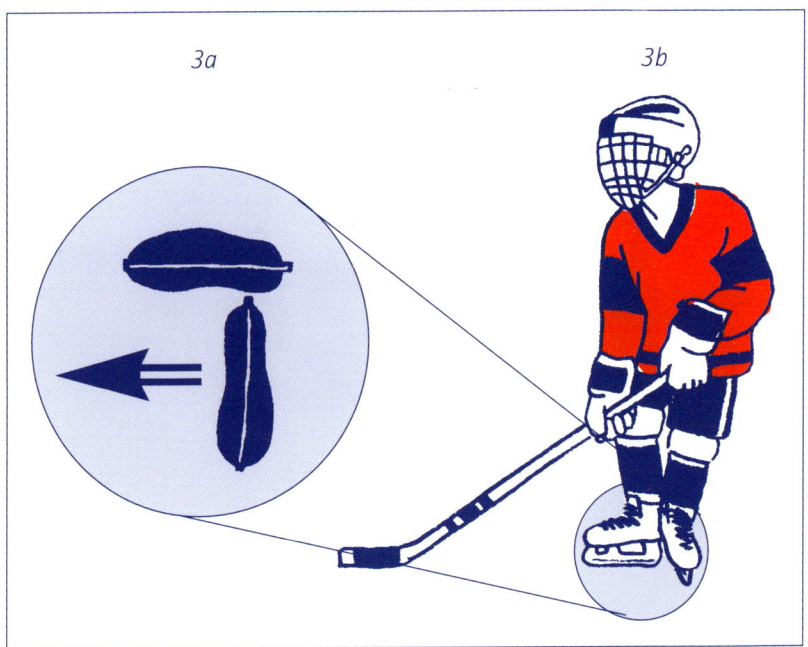

Abb. 3a und 3b

EISLAUFEN VORWÄRTS

Der Schlittschuh wird auf das Eis zuerst mit der äußeren Kante aufgesetzt, um dann auf die Innenkante umzukippen (die Bewegung gleicht dem verlängerten „S"). Das Schlitschuhaufsetzen folgt über die Fußspitze und wird auch so beendet (siehe Abbildung 4a und 4b).

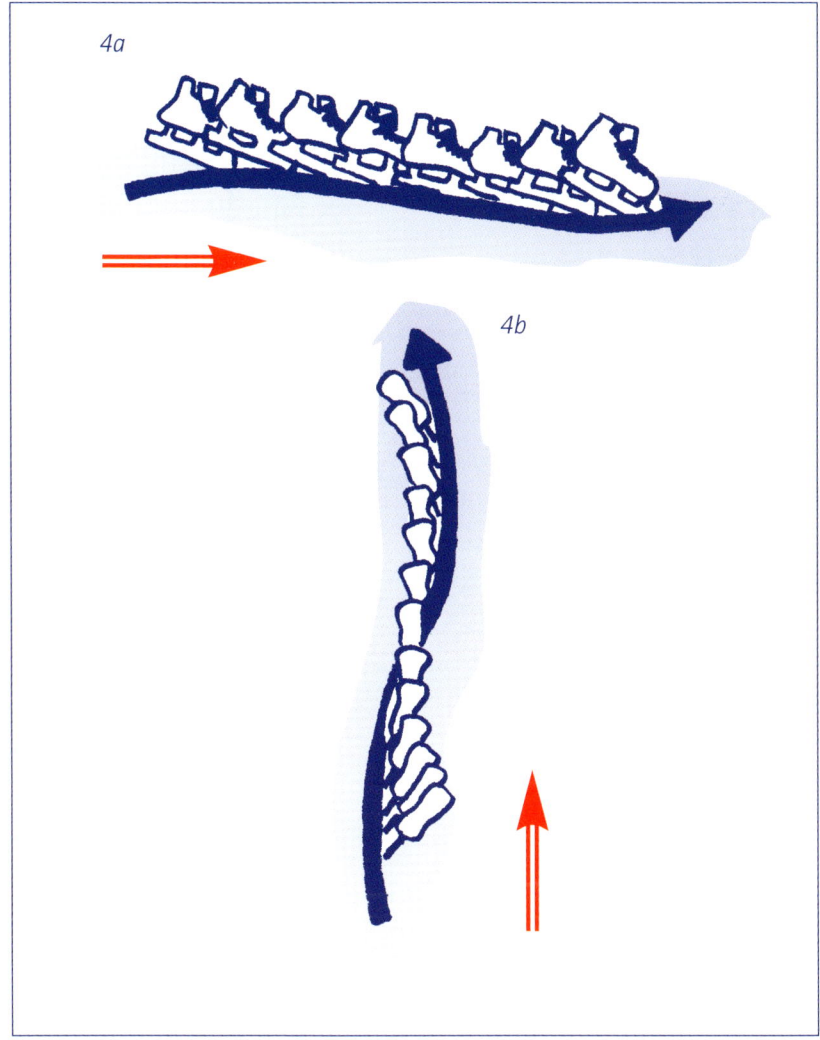

Abb. 4a und 4b

Der **Abstoß**, der die Geschwindigkeit des Eislaufens wesentlich bedingt, wird über die ganze innere Kante – schräg rückwärts und seitlich durch ein kräftiges Anspannen des Beins im Knie- und Hüftgelenk durchgeführt. Wichtig ist dabei, das Bein ziemlich stark zu beugen (Winkel zwischen 90° und 120°, siehe Abbildung 5).

Abb. 5

EISLAUFEN VORWÄRTS

Das Knie des gebeugten Beins sollte über die Fußspitze hinausreichen (siehe Abbildung 6).

Abb. 6

Dadurch bestehen ausgezeichnete Bedingungen für den dynamischen Abstoß und gleichzeitig wächst so ein „Feingefühl" für die Beherrschung der Schlittschuhe. Es ist nicht richtig, nach dem Abstoß das Bein zu hoch über das Eis zu heben. Dann ist die Bewegung nicht ökonomisch und verhindert das richtige Aufsetzen. Während des Übertragens wird das Bein gebeugt, die Muskeln bleiben jedoch locker. Im Moment, in dem das andere Bein den Abstoß beendet, wobei sich der Schlittschuh auf der Innenkante befindet, wird das erste Bein auf das Eis mit der Außenkante aufgesetzt. Als ein Fehler wird eine zu große Schrittlänge bezeichnet.

Eine vollständige Zusammenfassung der Bewegungen bei einem Eislaufschritt mit dem Abstoß vom linken Bein sieht nachfolgend so aus: Aus der Grundstellung wird der Abstoß von der ganzen Innenkante des linken Schlittschuhs durchgeführt. Das Körpergewicht wird stufenweise auf das rechte, auf dem Eis gleitende Bein verlagert. Nach dem Abstoß wird das Bein vom Eis abgehoben. In dem Moment, wo es die Eisfläche verlässt, ist es fast völlig ausgestreckt. Das linke Bein

EISHOCKEY
GRUNDLAGEN

bleibt nach dem Abstoß nur wenig über dem Eis und kommt zurück in die Stellung hinter dem rechten Bein. Beide Beine sind sehr nahe beieinander und gebeugt, es folgt der Abstoß des rechten Beins. Der Spieler richtet seinen Kopf auf, womit er eine günstige Rumpfposition und optimale Bedingungen für den effizienten Abstoß erreicht hat. Eine wichtige Rolle spielt die Tatsache, dass bei den Bewegungen der Körper locker bleibt und dass die begleitenden Hüftbewegungen ausreichend genutzt werden. Ein fließendes Eislaufen ermöglichen auch die schulterbreit schwingenden Arme (siehe Bilderserie 1).

Bildserie 1

EISLAUFEN VORWÄRTS

Eislaufen vorwärts – die wichtigsten technischen Punkte:

Grundstellung:

- Gebeugte Knie
- Leichtes Vorbeugen des Körpers
- Aufgerichteter Kopf
- Mit beiden Händen gefasster Stock

Zyklus Abstoß – Gleiten – Abstoß:

- Die Schlittschuhkante nach außen drehen
- Energischer Abstoß vorwärts auf der Innenkante
- Abstoßende auf der Fußspitze
- Verlagerung des Körpergewichts auf das Abstoßbein
- Angemessene Schrittlänge

Methodische Tipps/Trainingsschwerpunkte

Für die Bewältigung der Grundlagen des Vorwärtslaufens ist es sehr wichtig, zunächst ein Gleichgewichtsgefühl und Stabilität auf den Schlittschuhen zu gewinnen.

In der Praxis wird manchmal empfohlen, noch vor den ersten Schritten auf dem Eis einige Übungen außerhalb der Eisfläche zu versuchen. Es handelt sich hierbei um Übungen, bei denen die Kinder bereits Schlittschuhe anhaben. Sie lernen zu gehen, das Gleichgewicht (auf einem und beiden Beinen) zu halten, Kniebeugen, die Fußspitzen nach außen zu drehen usw. Anschließend folgt die Vorbereitung auf dem Eis. Hierbei werden folgende methodische Schritte empfohlen:

- Eine wichtige Grundfertigkeit, die Kinder lernen müssen, ist das **Aufstehen nach einem Sturz**, der am Anfang verständlicherweise ziemlich oft vorkommt. Der Spieler befindet sich meistens im Sitz oder in der Rücken- bzw. Bauchlage.

GRUNDLAGEN

Ziel ist es, aus der Bauchlage über den Kniestand aufzustehen. Wenn das Aufstehen mithilfe des Stocks geschieht, sollte er immer mit beiden Händen gefasst werden (siehe Abbildung 7).

Abb. 7

EISLAUFEN VORWÄRTS

- Als Nächstes folgen **Gleichgewichtsübungen auf der Stelle**. Es handelt sich um den einbeinigen Stand, die Verlagerung des Körpergewichts von einem Bein auf das andere, Kniebeugen und Aufstehen, Hüpfen usw. (siehe Abbildung 8).

Abb. 8

- Das **langsame Gehen auf dem Eis** mit einem Abstoß seitlich und nach vorne (wackelnder Schritt). Als unterstützende Übungen eignen sich das Gehen an der Bande, das Gehen mit Partnerhilfe, das Hürdengehen (siehe Abbildung 9), das Gehen mit hochgezogenen Knien, der Handklatsch unterhalb des hochgezogenen Knies, das Seitbeugen usw. Sehr wichtig ist eine ständige Überprüfung der richtigen Ausgangsposition der Schlittschuhe, das heißt „Ferse hinter Ferse" (siehe Abbildung 3a und 3b).

Abb. 9

- **Das Gleiten auf beiden Beinen** beginnt mit einem leichten Abstoß mit den Händen von der Bande (siehe Abbildung 10). Ziel der Übung ist es, so weit wie möglich zu gleiten.

Abb. 10

EISLAUFEN VORWÄRTS

- Nach der Bewältigung der vorhergehenden Übungen empfiehlt sich eine **Verlagerung des Körpergewichts** von einem Bein auf das andere. Dann folgen Kniebeugen und leichtes Hüpfen auf beiden Beinen.

- **Das Gleiten auf einem Bein** ist im Prinzip die gleiche Übung wie das bereits beschriebene Gleiten auf beiden Beinen. Es geht darum, nach einem Abstoß so weit wie möglich zu gleiten. Zuerst wird ein gerades Gleiten bevorzugt, um anschließend zum inneren und äußeren Bogen zu wechseln. Für das Training eignen sich hervorragend die Übungen, bei denen Kinder einen „Storch" nachmachen (das gebeugte Bein vorstrecken und den Fuß an das Knie des Standbeins bringen), „ein Auto" imitieren (eine Kniebeuge mit einem nach vorne gestreckten Bein, Arme auch waagerecht nach vorne strecken) usw. Als letzte Phase folgt wieder ein Gleiten mit Kniebeugen, Hüpfen, Traben und anderen Varianten (siehe Abbildung 11).

Abb. 11

- Zur Schulung **des Abstoßes und des Gleitens** kommt es, nachdem die Gleichgewichtsübungen gelingen. Eine Grundübung besteht hier aus einem Schlangenbogen. Einen **doppelten Schlangenbogen** nennt man auch „Fische". Es handelt sich um ein abwechselndes Grätschen und Schließen der Beine. Wie die Spuren aussehen, zeigt Abbildung 12.

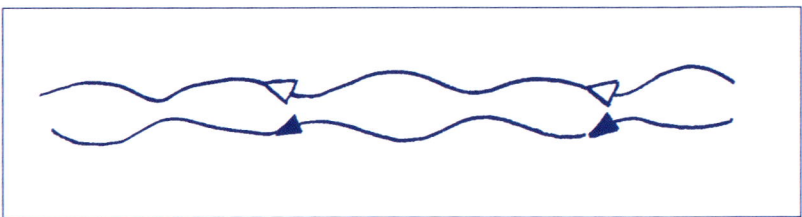

Abb. 12

Die Übung fällt wesentlich leichter mit nach außen gedrehten Fußspitzen und einer leichten Kniebeuge beim Grätschen (beim Schließen der Beine umgekehrt) (siehe Abbildung 13).

Abb. 13

EISLAUFEN VORWÄRTS

Dennoch sollte die Übung mit Kniebeugen und Kniestrecken durchgeführt werden und nicht durch ein kräftiges Grätschen und Schließen der Beine. Vor dem ersten Training sollten die Fußbewegungen (nach außen und innen) auf der Stelle geübt werden. So schließt man ein gewisses Verletzungsrisiko aus. Die Kinder bringen zwar die Beine problemlos auseinander, aber dann nicht mehr zusammen. Ein paralleler, **doppelter Schlangenbogen** folgt als nächste Übung (siehe Abbildung 14).

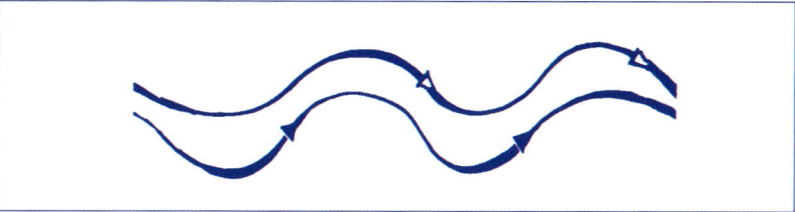

Abb. 14

Es geht um den Abstoß von beiden Beinen, wechselweise vom rechten und linken, wobei jeder Abstoß von einer anderen Kante erfolgt (so genannter *Skibogen*). Beide Beine bleiben dabei dennoch immer auf dem Eis. Es sollte wiederum die Kniearbeit bevorzugt werden (der Abstoß erfolgt nicht energisch, sondern durch die senkrechte Bewegung des Körperschwerpunkts).

Anschließend ist es möglich, mit der Schulung des **Schlangenbogens auf einem Bein** zu beginnen. Es handelt sich um drei Varianten:

- Bogen auf der Innenkante
- Bogen auf der Außenkante
- Schlangenbogen auf einem Bein mit Kantenwechsel

Für das Training der doppelten und einfachen Bögen eignen sich für Kinder am besten verschiedene Spiele und Wettbewerbe:

- Wer gleitet am weitesten auf dem rechten (linken) Bein?
- Die Staffeln mit Schlangenbogen
- „Die Schlange" mit Schlangenbogen
- Wer läuft am weitesten mit einer minimalen Anzahl von Schlangenbögen usw.?

EISHOCKEY
GRUNDLAGEN

Nach der Bewältigung dieser Übungen kommt der eigentliche Abstoß und das Gleiten. Auch dafür gibt es eine große Anzahl von Übungen. Zu den beliebtesten zählen:

- **Übungen an der Bande** – hier wird das richtige Aufsetzen der Schlittschuhe betont, die Ausgangsstellung ist „Ferse hinter Ferse" (siehe Abbildung 15)
- **Übungen mit dem Stuhl** (siehe Abbildung 16)
- **Partnerübungen** – drücken, ziehen (siehe Abbildung 17)
- Verschiedene Formen des **Gewandtheitslaufens** (siehe Abbildung 18)

Bei diesen Übungen verfügt der junge Spieler über mehr Sicherheitsgefühl und kann sich mehr auf einzelne Phasen des Vorwärtslaufens konzentrieren.

Abb. 15

Abb. 16

EISLAUFEN VORWÄRTS

Abb. 17

Abb. 18

Das Training des Eislaufrhythmus gehört bisher zu den ziemlich unterschätzten Themen der Eishockeypraxis. Dennoch hat das richtige Rhythmusgefühl Einfluss auf die Qualität des Eislaufens und zwar vor allem auf das Vorwärts-, Rückwärtslaufen und das Übersetzen. Ein falscher Rhythmus lässt sich an der fehlenden Kontinuität des Eislaufens („hinken") erkennen. Für das Training werden verschiedene rhythmische Übungen empfohlen (beispielsweise Laufen auf Musik, mit bestimmten Aufsprungstellen usw.). Die Schrittfrequenz und damit die Laufgeschwindigkeit sollte dabei nur leicht ansteigen.

Hauptfehler in der Technik

- Zu starke Hüftbewegungen in senkrechter Richtung (so genanntes „Pumpen"), was die Kraft anstatt in den Abstoß in die Hochbewegung des Körpers legt
- Der Abstoß wird nur von den Spitzen der Schlittschuhe und nicht von den ganzen Kanten durchgeführt
- Der Abstoß erfolgt nach hinten und ist nicht seitlich orientiert (die Füße werden hoch hinter den Körper gehoben) und ist deshalb wenig effizient
- Der Abstoß geht nicht von der Grundstellung („Ferse hinter Ferse") aus und der Schritt ist zu breit, was zum kurzen Abstoß führt
- Die Knie sind nur wenig gebeugt, der Rumpf ist zu steif
- Der Schlittschuh ist nicht parallel auf das Eis mit dem anderen gleitenden Schlittschuh aufgesetzt
- Falscher Bewegungrhythmus („hinken"), wofür der Grund im nicht gleichmäßigen Abstoß liegt. Die Beine stoßen sich mit unterschiedlichem Krafteinsatz und unterschiedlicher Länge ab
- Der Schlittschuh befindet sich in der Ausgangsposition unmittelbar auf dem Eis anstatt knapp oberhalb der Eisfläche. Dies führt dazu, dass Kinder oft mit den Spitzen über das Eis stolpern
- Der Kopf ist viel zu weit vorgebeugt, es kommt zum Verlust des Gleichgewichts und der Orientierung
- Der Oberkörper ist zu sehr nach hinten gebeugt, das Körpergewicht wird auf die Fersen verlagert

EISLAUFEN VORWÄRTS

3
EISLAUFEN RÜCKWÄRTS

Richtige Technik

Eislaufen rückwärts wird als zweite Grundfertigkeit des Eislaufens bezeichnet. Im heutigen Eishockey ist es äußerst wichtig, dass diese Technik nicht nur die Verteidiger, sondern auch die Stürmer vollkommen beherrschen. Ein guter Spieler läuft rückwärts genauso gut und sicher und sogar fast mit der gleichen Geschwindigkeit wie vorwärts.

In der **Grundstellung** sind die Beine hüftbreit auseinander, der Kopf ist aufgerichtet, das Becken nach vorne gekippt. Der Spieler fasst den Stock mit einer Hand vor dem Körper. Das Körpergewicht wird gleichmäßig auf beide Beine verlagert (die Kufen befinden sich mit der ganzen Länge auf dem Eis – siehe Abbildung 19).

Abb. 19

EISHOCKEY
GRUNDLAGEN

Die eigene Bewegung kommt aus dem Hüftgelenk. Von dort wird sie auf die Fußspitzen übertragen. Bei der Bewegung sind auch die Schultern aktiv. Der Abstoß wird jeweils von der Innenkante (abwechselnd rechtes und linkes Bein, siehe Abbildung 20) durch das wiederholte Beugen und Anspannen des Beins im Kniegelenk mit der gleichzeitigen Rückwärtsbewegung der zuständigen Schulter und der Hüfte durchgeführt (siehe Abbildung 21).

Abb. 20

Abb. 21

EISLAUFEN RÜCKWÄRTS

Der Abstoß beginnt vom hinteren Teil des Schlittschuhs und endet auf dessen Spitze. Nach dem Abstoß wird das Bein ganz angespannt, um das Körpergewicht auf das andere, stark gebeugte Bein, das einen Rückwärtsbogen macht, zu verlagern. Das Abstoßbein folgt so der Bewegung, wobei sich beide Schlittschuhe parallel nebeneinander befinden und eine doppelte Bogenbewegung ausführen (siehe Bildserie 2).

Bildserie 2

Beim Rückwärtsbogenlauf bleiben die Beine auf dem Eis. Dennoch zeigen die biomechanischen Analysen von Spitzenspielern, dass einige Spieler nach dem Abstoß das Abstoßbein ein wenig anheben und nachher wiederholt auf das Eis parallel mit dem anderen Bein aufsetzen. Andere Spieler in dieser Leistungsklasse heben die Ferse hoch, wobei die Fußspitze die ganze Zeit auf dem Eis bleibt.

Eislaufen rückwärts – die wichtigsten technischen Punkte:

Grundstellung:

- Gebeugte Knie
- Aufgerichteter Kopf und Körper
- Breiter Grätschstand
- Körpergewicht auf den ganzen Flächen der Schlittschuhe
- Stock mit einer Hand vor dem Körper festhalten

Zyklus Abstoß – Gleiten – Abstoß:

- Abwechselndes Beugen und Anspannen des Beins im Kniegelenk
- Abstoß (Fuß – Ferse – Fußspitze)
- Verlagerung des Körpergewichts auf das stark gebeugte Bein (nicht auf das Abstoßbein)

Methodische Tipps/Trainingsschwerpunkte

Eislaufen rückwärts ist nicht so einfach wie Eislaufen vorwärts und deswegen muss erstmal das Vorwärtslaufen sehr gut erlernt werden. Dennoch verlaufen das Techniktraining und die Übungen auf dem Eis ähnlich wie bei der Vorwärtsbewegung.

EISLAUFEN RÜCKWÄRTS

- Richtige Grundstellung
- Gleichgewichtsübungen auf der Stelle – einbeiniger Stand, Kniebeugen, Verlagerung des Körpergewichts von einem Bein auf das andere, vorbeugen, Sprünge usw.
- Rückwärts gehen auf dem Eis, mit und ohne Partnerhilfe, an der Bande (mit einer Hand an der Bande festhalten) (siehe Abbildung 22)

Abb. 22

- Rückwärts laufen mit dem Partner – die Spieler stehen sich gegenüber und fassen beide Stöcke. Der Rückwärtslaufende wird vom anderen geschoben, wobei er leichte Kniebeugen macht, die Schlittschuhe werden in Hüftbreite geführt, das Körpergewicht auf das rechte und linke Bein verlagert, der Spieler gleitet auf einem Bein usw. Bei diesen Übungen ist es wichtig, abwechselnd den Kopf in die Laufrichtung zu drehen (siehe Abbildung 23).

Abb. 23

EISHOCKEY
GRUNDLAGEN

- Rückwärts laufen auf beiden Beinen mit Abstoß von der Bande (siehe Abbildung 24), später mit Kniebeugen, mit Verlagerung des Körpergewichts usw.

Abb. 24

- Rückwärts laufen auf einem Bein (siehe Abbildung 25)

Abb. 25

EISLAUFEN RÜCKWÄRTS

- Schulung des Abstoßes und des Gleitens – Ausgangspunkt stellt das Training der **doppelten Schlangenbögen** (genauso wie beim Vorwärtslaufen) dar, die auch als „Fische" bezeichnet werden. Das Erlernen beginnt in der Grundstellung, die Fersen sind nach außen gedreht und das Aufsetzen der Schlittschuhe erfolgt auf den Innenkanten. Die Knie werden zueinander gedreht und das Becken nach hinten gedrückt. Nach dem Abstoß gleiten beide Beine in einem Bogen zurück in die Grundstellung. Die Übung wird durch Kniearbeit ohne starken Krafteinsatz durchgeführt (siehe Abbildung 26). Die häufigsten Fehler bestehen in zu schnellen und kurzen hintereinander folgenden Bögen und in einer mangelhaften Beugung der Beine (senkrechte Bewegungen des Körperschwerpunkts).

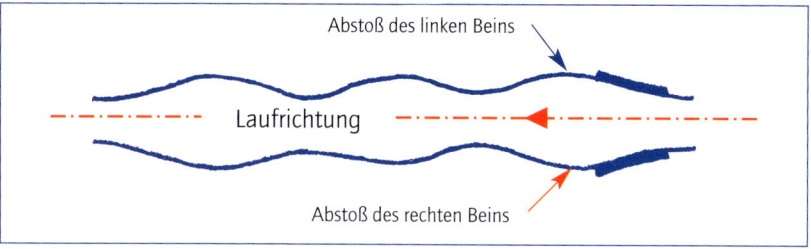

Abb. 26

Die nächste Übung ist ein **paralleler Schlangenbogen**, der aus dem Abstoß von der Innenkante des linken Schlittschuhs erfolgt. Der Abstoß wird durch das Anspannen des Beins im Knie und durch Bewegungen der zuständigen Schulter und der Hüfte nach hinten begleitet. Nach dem Abstoß wird das Körpergewicht auf das gebeugte – rechte Bein (nicht das Abstoßbein) verlagert und anschließend wird auf dem Eis das Abstoß- (linkes) Bein zum anderen angezogen. Beim Rückwärtslaufen ist für die Spuren der breitere äußere Bogen typisch (siehe Abbildung 27).

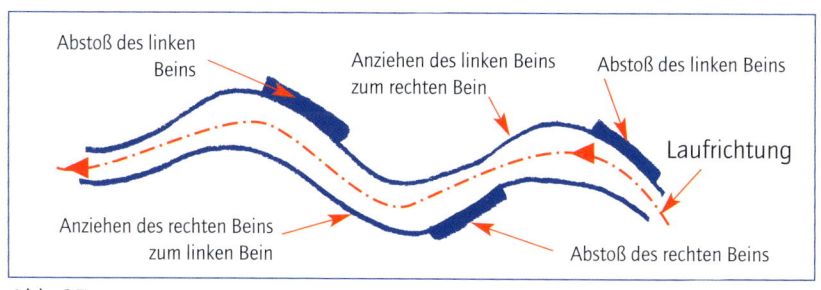

Abb. 27

EISHOCKEY
GRUNDLAGEN

Die beiden Übungen werden erst mit Partnerhilfe und später alleine durchgeführt.

- Dann folgt das Rückwärtslaufen aus der Grundstellung. Einige kanadische Autoren bezeichnen diese Bewegung beim Abstoß als **C-Bogen** (siehe Abbildung 28).

Abb. 28

Es empfiehlt sich, die Übung zuerst mit Partnerhilfe durchzuführen (siehe Abbildung 29).

Abb. 29

EISLAUFEN RÜCKWÄRTS

- Zum Schluss wird der C-Bogen mit dem Zyklus Abstoß – Gleiten – Abstoß verbunden, wobei auf den richtigen Bewegungsrhythmus geachtet werden muss (siehe Abbildung 30).

Abb. 30

Hauptfehler in der Technik

- Der Abstoß wird von der Spitze und nicht von der Schlittschuhkante durchgeführt
- Zu steife Grundstellung (der Rumpf ist zu sehr aufgerichtet und die Beine sind zu angespannt)
- Zu große Rumpfvorbeugung
- Zu starke, senkrechte Hüftbewegungen
- Die Bewegung kommt nur aus den Beinen und nicht aus der Hüfte und den Schultern
- Zu schnelle und kurze Bögen ohne Gleitphase

SUZUKI
ADDITIV
28
SUZUKI
AUTOMOBILE
A
Hamburg
Bank
HOLSTEN
HOLSTEN

4 BREMSEN UND ANHALTEN

Diese Eishockeyfertigkeit braucht der Spieler vor allem zur Verringerung der Laufgeschwindigkeit und zur Veränderung der Laufrichtung. Jeder Spieler muss unbedingt schnell und sicher bremsen und anhalten können. Im eigenen Spiel ist das Bremsen natürlich mit anschließender Bewegung (vor allem mit dem Start) verbunden. Deswegen wird von Anfang an, gleich nach dem Erlernen der Grundtechnik des Bremsens und Anhaltens, ein sofortiges Auslaufen in eine bestimmte Richtung verlangt.

Je nach der Laufrichtung gibt es logischerweise zwei Varianten des Bremsens: **Bremsen beim Vorwärts- und beim Rückwärtslaufen.**

Beim **Vorwärtslaufen** handelt es sich um:

- Den einseitigen Pflug (ein Schlittschuh wird seitlich gegen die Laufrichtung aufgestemmt)
- Den beidseitigen Pflug (beide Schlittschuhe werden seitlich gegen die Laufrichtung aufgestemmt)
- Den Stoppschwung auf beiden Beinen
- Den Stoppschwung auf dem Innenbein
- Den Stoppschwung auf dem Außenbein

Beim **Rückwärtslaufen**:

- Beidseitiger Pflug auf beiden Beinen (V-Stopp)
- Einseitiger Pflug auf einem Bein
- Seitlicher Stoppschwung auf beiden Beinen

Bremsen beim Vorwärtslaufen
Richtige Technik

- Die einfachste Möglichkeit des Anhaltens ist der **einseitige Pflug**. Bei dieser Variante wird erstmal das Körpergewicht auf das gleitende Bein (beispielsweise auf das linke Bein) verlagert. Das andere – rechte Bein wird ein wenig vorgesetzt und mit der nach innen gedrehten Fußspitze anschließend auf das Eis aufgesetzt. Das Körpergewicht wird allmählich auf das rechte Bein verlagert, bis es zum vollständigen Anhalten kommt. Dabei werden beide Beine im Knie gebeugt. Der Rumpf darf nicht vorgebeugt sein, die rechte Schulter rotiert leicht nach vorne und die linke nach hinten (siehe Abbildung 31).

Abb. 31

- Beim **beidseitigen Pflug** sind beide Beine mit den Fußspitzen zusammen (nach innen) gedreht. Die Fersen gehen langsam auseinander, die Hüfte senkt sich ab und Knie werden zusammengedrückt. Damit kommen beide Schlittschuhe ins Gleiten. Zum Anhalten gelangt man, indem sich die Fersen noch weiter voneinander entfernen. Das Körpergewicht ist gleichmäßig auf beide Beine verteilt. Die Beine sind in Knie gebeugt und relativ weit voneinander entfernt, wodurch sich der Körper im Gleichgewicht befindet (siehe Abbildung 32).

Abb. 32

BREMSEN UND ANHALTEN

- Beim **Anhalten durch einen Stoppschwung auf beiden Beinen** müssen erstmal der Körper und damit natürlich auch die Schlittschuhe entlastet werden. Schlittschuhe, Hüfte und Schulter werden in einen rechten Winkel zur Laufrichtung gestellt. Die Bewegung wird mit dem Absenken des Körperschwerpunkts (durch das Kniebeugen) und den Kantendruck beendet. Die Knie werden zur Eisfläche und gleichzeitig zu den Fußspitzen gedrückt (siehe Abbildung 33). Die Bremskräfte sind dabei auf beide, hüftbreit gestellte, Schlittschuhe gleichmäßig verteilt, dennoch werden die Fußspitzen mehr belastet (siehe Abbildung 34).

Abb. 33

Abb. 34

EISHOCKEY
GRUNDLAGEN

- **Bildserie 3** zeigt die ganze Bewegung des Anhaltens durch einen Stoppschwung auf beiden Beinen.

BREMSEN UND ANHALTEN

Das Anhalten beim Vorwärtslaufen auf einem Bein setzt bereits bestimmte Bewegungserfahrungen voraus. Beim Anhalten auf dem **Innenschlittschuh** (rechtes Bein) ist das Körpergewicht auf das linke gebeugte Bein verlagert, wobei sich das rechte Bein hinten locker über dem Eis befindet. Das rechte Bein wird mit der Spitze nach außen gedreht und zum linken Bein in die T-Stellung so angezogen, dass sich die rechte Ferse hinter der Ferse des linken Standbeins befindet. Der rechte Schlittschuh wird auf das Eis mit der Außenkante aufgesetzt, gleichzeitig wird das Körpergewicht auf das rechte Bein verlagert und das Bein gegen die Laufrichtung angespannt. Das linke Bein hebt sich vom Eis ab und der ganze Körper wird aufgerichtet (siehe Abbildung 35).

Abb. 35

Der Stoppschwung auf dem äußeren Bein ist ähnlich wie die bereits beschriebene Variante auf beiden Beinen. Jedoch in diesem Fall hilft das zweite freie Bein, das Gleichgewicht zu halten und teilweise wird so die Bremsbewegung erleichtert. Diese Bremsvariante ist sehr effizient, besonders für den Fall, wenn ein sofortiger Start und das Übersetzen in verschiedene Richtungen folgt (siehe Abbildung 36).

Abb. 36

Methodische Tipps/Trainingsschwerpunkte

- Die erste Phase ist die Schulung des einseitigen Pflugs auf der Stelle. Es handelt sich um das Vorsetzen und Drehen des Beins mit anschließender Körpergewichtsverlagerung auf dieses Bein. Gleichzeitig befindet sich der Schlittschuh im Pflug, mit der Innenkante auf dem Eis aufgesetzt.

- Der nächste Schritt ist das Erlernen des einseitigen Pflugs im Lauf (Anlauf mit drei Schritten). Dabei wird der Pflug natürlich mit beiden Beinen geübt.

- Es folgen die Bewegungen der Fußspitzen nach innen und der Fersen nach außen. Die Übungen werden frontal an der Bande vollzogen. Die jungen Spieler halten sich dabei mit beiden Händen an der Bande fest.

- Der beidseitige Pflug wird mit einem kleinen Anlauf durchgeführt, wobei die Entlastung mit anschließendem Kniebeugen betont wird. Die Knie werden dabei zusammengedrückt. Für junge Spieler eignet sich diese Bremsvariante jedoch nicht besonders gut, denn es besteht ein höheres Verletzungsrisiko.

- Wenn der beidseitige Pflug beherrscht wird, kann mit der Schulung des **Stoppschwungs auf beiden Beinen** begonnen werden. In der Anfangsphase ist es wichtig, sich auf die Entlastung und Hüftdrehung zu konzentrieren. Gleichzeitig wird die Beugung der Beine und die Verlagerung des Körpergewichts auf die vorderen Teile der Schlittschuhe trainiert. Diese Schulung wird wieder mit einem kurzen Anlauf, der sich schrittweise verlängert, vollzogen. Dabei wird auf ausreichenden Kantendruck geachtet. Wichtig ist es, dass der Außenschuh mit der Innenkante bremst und umgekehrt und dass der Druck auf die vorderen Teile der Schlittschuhe orientiert ist. Genauso wie beim Übersetzen ist es auch beim Anhalten nötig, bei der Schulung die „leichtere" Seite zu bevorzugen. Wenn die Fertigkeit bereits bewältigt wird, sollten mit der gleichen Häufigkeit die Übungen auf beiden Seiten wiederholt werden.

- Die richtige Bremstechnik wird auch mit verschiedenen Geräten und Hilfsmitteln verbessert (siehe Abbildung 37).

- Als letzte Übung wird das Anhalten auf einem Bein (äußeres und inneres) mit einbezogen. Diese Fertigkeit muss mit beiden Beinen beherrscht werden.

BREMSEN UND ANHALTEN

Abb. 37

Hauptfehler in der Technik

Einseitiger Pflug

- Zu große Rumpfvorbeugung
- Zu schnelle Belastung des Bremsbeins
- Schlittschuhe zu weit voneinander entfernt
- Das Aufsetzen des Bremschlittschuhs erfolgt auf der Außenkante
- Zu wenig seitlich gedrehte Ferse

Beidseitiger Pflug

- Zu wenig seitlich gedrehte Fersen
- Nicht ausreichende Kniebeugung
- Knie zu weit voneinander entfernt
- Schlittschuhe bremsen mit den Außenkanten

Stoppschwung auf beiden Beinen

- Nicht ausreichende Entlastung der Schlittschuhe
- Nicht ausreichende Kniebeugung
- Nicht ausreichende Neigung der Schlittschuhe zum Eis
- Nicht ausreichender Druck auf dem vorderen Teil der Schlittschuhe

EISHOCKEY
GRUNDLAGEN

Bremsen beim Rückwärtslaufen

Richtige Technik

- **Das Bremsen und Anhalten auf beiden Beinen (beidseitiger Pflug)** wird durch ein Grätschen mit gleichzeitiger Drehung der Spitzen nach außen und durch einen Druckeinsatz der Innenkanten auf beiden Schlittschuhen durchgeführt. Das Aufsetzen und Anhalten ist durch das Entlasten des hinteren Schlittschuhs und durch die Verlagerung des Körpergewichts auf die Fußspitzen bedingt. Beim Bremsen helfen starke seitliche Kniebewegungen gegen die eigene Laufrichtung und eine gleichzeitige Entfernung der Fußspitzen voneinander. Der Spieler befindet sich dabei in einem breiten Grätschstand. Das Anhalten wird durch eine kräftige Kniebeugung in Richtung Eis beendet (siehe Abbildung 38). Diese Variante wird manchmal auch nach der Beinstellung als **V-Anhalten** bezeichnet.

    Abb. 38

- **Das Bremsen und Anhalten auf einem Bein** ist ähnlich wie der einseitige Pflug beim Vorwärtslaufen. Während des Rückwärtslaufens auf beiden Beinen und mit einer leichten Kniebeugung wird das Bremsbein (beispielsweise das linke Bein) leicht von der Eisfläche abgehoben und nach hinten zum Aufsetzen geführt, die Fußspitze ist nach außen gedreht. Anschließend wird das Bein über die Innenkante auf das Eis schräg zur Laufrichtung aufgesetzt. Auf das Bein wird das Körpergewicht verlagert, durch den Pflug entsteht dann die Bremskraft. Das gleitende (rechte) Bein wird stark im Knie gebeugt und bleibt auf dem Eis (siehe Abbildung 39). Die Beine befinden sich in der so genannten **T-Stellung**, die die anschließende Vorwärtsbewegung gut ermöglicht.

BREMSEN UND ANHALTEN

Abb. 39

- **Das Anhalten durch den seitlichen Stoppschwung auf beiden Beinen** kommt vor allem beim Rückwärtslaufen mit hoher Geschwindigkeit vor, wenn der Spieler anschließend zur Seite startet. Diese Variante ist die schwierigste von allen Bremstechniken beim Rückwärtslaufen. Die Technik ist gleich wie beim Vorwärtslaufen. Es ist von Bedeutung, ein schnelles Entlasten des Körpers mit energischen seitlichen Kopf-, Schulter- und Hüftdrehungen durchzuführen. Dies ermöglicht eine Entlastung des Schlittschuhs und dessen Stellung im rechten Winkel zur Laufrichtung. Das Anhalten folgt nach der Senkung des Körperschwerpunkts mit gleichzeitigem Kantendruck (durch die Außenkante des Innenschlittschuhs und die Innenkante des Außenschlittschuhs) auf das Eis. Die Knie sind dabei stark zur Eisfläche gedrückt, die Schlittschuhe sind hüftbreit auseinander (siehe Abbildung 40).

EISHOCKEY
GRUNDLAGEN

Abb. 40

Methodische Tipps/Trainingsschwerpunkte

- Zur Schulung des Stoppens beim Rückwärtslaufen kommt es erst, wenn das Bremsen und Anhalten mit dem Pflug beim Vorwärtslaufen beherrscht wird.

- In der ersten Phase wird frontal mit gefassten Händen an der Bande geübt (Fußspitzen nach außen drehen, Kniebeugung, Grätsche).

- Ferner folgen Partnerübungen. Der bremsende Spieler befindet sich in der Bremsstellung, der andere läuft vorwärts, schiebt den Rückwärtslaufenden leicht und hilft ihm, im Gleichgewicht zu bleiben. Sehr wichtig ist dabei die richtige Beinstellung und ein leicht vorgebeugter Rumpf. Die Knie werden zur Eisfläche gedrückt (siehe Abbildung 41).

Abb. 41

BREMSEN UND ANHALTEN

- Als nächste Übung kommt das Stoppen beim selbstständigen Rückwärtslaufen. Falls dabei der Stock verwendet werden sollte, wird er mit einer Hand festgehalten.

- Das Bremsen auf einem Schlittschuh wird bis in die Endstellung, die so genannte **T-Stellung**, durchgeführt, die gleichzeitig die Ausgangsstellung für einen anschließenden Start darstellt.

- Wenn diese Techniken gut beherrscht werden, wird das Anhalten durch den seitlichen Stoppschwung auf beiden Beinen gelernt. Beim Training steigt allmählich die Laufgeschwindigkeit, die Übung wird auf beiden Seiten mit anschließendem Richtungswechsel durchgeführt.

Hauptfehler in der Technik

Anhalten auf beiden Beinen

- Zu wenig nach außen gedrehte Fußspitzen
- Nicht ausreichende Rumpfvorbeugung, wobei der Kopf zu weit vorgebeugt ist
- Die Knie werden nicht zur Eisfläche gedrückt
- Das Bremsen findet mit der ganzen Fläche der Kufen und nicht nur auf den Innenkanten statt

Anhalten auf einem Bein

- Zu rasche und starke Belastung des Bremsbeins
- Nicht ausreichende Kniebeugung
- Zu große Entfernung der Schlittschuhe voneinander

Anhalten durch den seitlichen Stoppschwung auf beiden Beinen

- Nicht ausreichende Entlastung des Körpers
- Nicht ausreichende Kniebeugung
- Der Druck wird nicht auf den vorderen Teil der Schlittschuhe gelegt

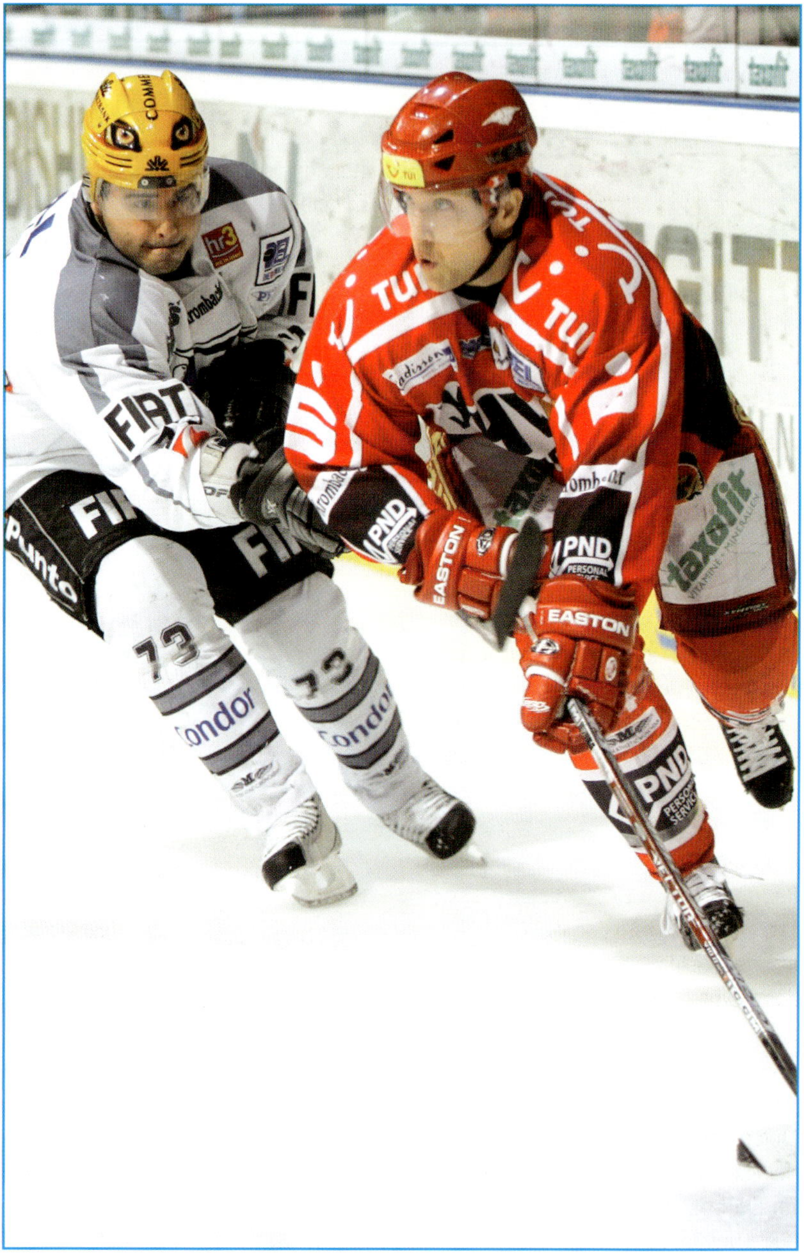
hr3
FIAT
Punto
73
Condor
TUI
EASTON
PND
taxofit

5 BOGENLAUFEN

Im Eishockey werden Richtungsänderungen durch das Bogenlaufen und Übersetzen vollzogen. Um die Laufgeschwindigkeit zu steigern, sollte an den eigenen Bogen das Übersetzen oder der Start angeschlossen werden. Ein guter Schlittschuhläufer übersetzt auch während der kurzen Bogen. Die einfachste Möglichkeit der Richtungsänderung, die Anfänger erlernen sollten, ist das Bogenlaufen. In der Praxis ersetzt dann diese Fertigkeit sogar das Anhalten.

Richtige Technik

Der Körper wird in die Mitte des Bogens und nach vorne gebeugt. Die innere Schulter wird nach innen in die Bogenmitte gelehnt. Beide Beine sind gebeugt, das Körpergewicht wird vorwiegend auf das innere, vorgesetzte Bein verlagert. Der Stock wird mit beiden Händen festgehalten. Um einen Linksbogen zu fahren, wird das linke Bein teilweise vor das rechte gesetzt (der Abstand sollte ungefähr der Länge des Schlittschuhs entsprechen), das Körpergewicht ist mehr auf das linke Bein verlagert. Die Beine sind im Knie gebeugt, der Körper in die Bogenmitte (nach links) eingedreht.

Abb. 42a

Durch das seitliche Versetzen der Knöchel bewegt sich der linke Schlittschuh auf der Außen- und der rechte auf der Innenkante. Die rechte Schulter wird nach vorne (in die Bogenmitte) und die linke nach hinten gedrückt. Je kürzer der Bogen ist, desto mehr ist das Innenbein nach vorne und der Körper in die Bogenmitte versetzt

EISHOCKEY
GRUNDLAGEN

(siehe Abbildung 42a – der lange Bogen und 42b – der kurze Bogen). Diese Körperstellung wird von der höchsten Neigung der Schlittschuhe in Richtung Eis begleitet. Die guten Spieler können in einem kuzen Bogen manchmal leicht bremsen. Dennoch darf die Bewegung nicht mit vollem Einsatz ausgeführt werden. Das Körpergewicht wird so auf die Fußspitzen verlagert, dass die Fersen leicht gleiten können. Am Ende des Bogens folgt ein energischer Abstoß in die neue Bewegungsrichtung.

Abb. 42b

Als weitere Lernstufe zur Technik des Bogenlaufens werden Übungen auf einem Schlittschuh auf der Außen- und Innenkante (auf dem linken und rechten Bein) empfohlen. Um sich die richtige Technik besser vorstellen zu können, werden die Bögen auf einem Schlittschuh (auf dem rechten Bein) beschrieben, die **vorwärts nach außen und vorwärts nach innen** durchgeführt werden. Diese Übungen haben einen enormen Praxisbezug, da sie im Eishockeyspiel häufig vorkommen.

Der Bogen vorwärts nach außen – wird erstmal ohne Stock erlernt. Wenn diese Übung sitzt, kann mit dem Stock geübt werden. Aus der Grundstellung folgt der Abstoß auf der Innenkante des linken Schlittschuhs und der eigene Bogen wird anschließend auf der Außenkante des rechten Schlittschuhs durchgeführt. Während der ersten Bogenhälfte bewegt sich das linke Bein hinter dem Körper leicht oberhalb der Eisfläche. Der Rücken ist in Richtung Bogenmitte eingedreht, der linke Arm befindet sich hinter dem Körper. In der zweiten Bogenhälfte wird das freie Bein nach vorne entlang des rechten Beins versetzt. Die Schulterachse dreht sich so ein wenig, damit sich der rechte Arm hinter und der linke vor dem Körper befindet. In der letzten Phase werden die Beine zusammengeführt mit anschließendem Abstoß des rechten Beins. Der folgende Bogen wird auf der Außenkante des linken Schlittschuhs durchgeführt.

BOGENLAUFEN

Bogen vorwärts nach innen. Der Abstoß folgt aus der Grundstellung auf der Innenkante des linken Schlittschuhs. Das Abstoßbein (das linke Bein) bleibt in der ersten Bogenhälfte hinter dem Körper. Das gleitende (rechte) Bein führt einen regelrechten Bogen auf der Innenkante durch. Die Schulter und das Becken bilden mit der Bewegungsrichtung einen rechten Winkel, der rechte Arm wird vorgestreckt. In der zweiten Bogenhälfte wird das Abstoßbein entlang des Standbeins nach vorne versetzt. In diesem Moment kommt der linke Arm in Rücklage, wobei der rechte vorgestreckt ist. Während der ganzen Übung sollte auf die Beugung des Standbeins und auf das gleichmäßige Tempo sämtlicher Bewegungen geachtet werden.

Voraussetzung für ein effektives Training des Rückwärtsbogens bildet natürlich eine gute Bewältigung des Rückwärtslaufens. Das Erlernen des Rückwärtsbogens stellt dann den Ausgangspunkt für das Rückwärtsübersetzen dar. In der Technik des **Rückwärtsbogens nach außen** bleiben die Bewegungen gleich wie beim Rückwärtslaufen, jedoch mit dem Unterschied, dass die Schlittschuhe näher zusammenbleiben. Wichtig ist außerdem das ausreichende Beugen des Standbeins und die Körperneigung in die Bogenmitte.

Methodische Tipps/Trainingsschwerpunkte

Das Bogenlaufen hat zwei Varianten. Im ersten Fall, dessen Erlernen überhaupt nicht kompliziert ist, handelt es sich nur um die Richtungsänderung auf Grund der Durchführung des längeren Bogens. Der zweite Fall stellt die kurzen und schnellen Bögen dar, wobei der Spieler leicht bremst. Diese Bewegung gehört bereits zu den anspruchsvolleren Bewegungsfertigkeiten. Ihre Bewältigung beansprucht eine relativ lange Übungszeit mit häufigen Fehlerkorrekturen der Bewegungstechnik. Für das Training gilt, dass man mit der leichteren Seite (meistens nach links) und ohne Stock beginnt. Erst wenn diese Bewegung gelingt, wird die andere Seite geübt. Die ganze Schulung sollte ständig in der Bewegung ablaufen.

- Die erste Phase der Schulung besteht im Training der richtigen Schulterstellung und deren Einfluss auf den Bogen. Dadurch lernen die Kinder, dass eine Veränderung in der Stellung des Oberkörpers die Laufrichtung wesentlich beeinflusst. Der Bogen wird auf beiden Schlittschuhen durchgeführt, die Arme befinden sich in der Seithalte. Die Laufrichtung wird nur durch die Schulter-

und Armbewegungen (durch eine Rotation zur Seite – ein Arm kommt in die Position hinter und der andere vor dem Körper) verändert. Bereits zu Beginn sollte darauf geachtet werden, dass das innere Bein nicht hinten bleibt.

- Die zweite Phase beinhaltet die Schulterbewegung und eine geringe Körpervorbeugung, wobei es zu einer leichten Verlagerung des Körpergewichts auf das innere Bein kommt (siehe Abbildung 43). Der Bogen wird auf beiden Schlittschuhkanten durchgeführt (siehe Abbildung 44).

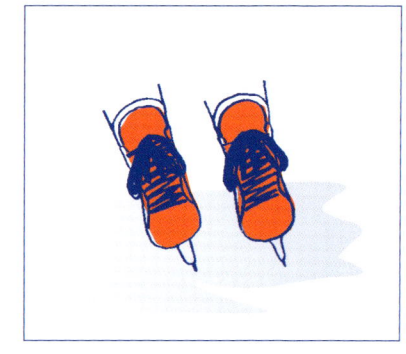

Abb. 43 *Abb. 44*

- Ferner kommt noch zur Bewegung das Vorsetzen und das gleichzeitige Beugen des Innenbeins hinzu (siehe Abbildung 45). Der Blick in die angestrebte Laufrichtung erleichtert die Übungsdurchführung.

Abb. 45

BOGENLAUFEN

- Es folgt das Bogenlaufen um die Kegel, wobei die Bögen schrittweise verkürzt werden (siehe Abbildung 46).

Abb. 46

- Nach der Bewältigung der Technik des Vorwärtsübersetzens wird an jeden Bogen das Übersetzen angeschlossen (siehe Bildserie 4).

Bildserie 4

Hauptfehler in der Technik

- Der Grundfehler liegt im Bogenlauf auf dem Außenbein, das Innenbein befindet sich oft sogar hinter dem Außenbein
- Das Innenbein ist nicht im Knie gebeugt und ist auch nicht ausreichend vorgesetzt, der Körper ist aufgerichtet (dies wirkt sich durch die Bewegung auf die Ferse des Innenbeins aus)
- Der Körper befindet sich nicht in der Bogenmitte
- Das Körpergewicht liegt auf den Fersen
- Die Schlittschuhe bewegen sich eng hintereinander in der gleichen Spur – dies führt zum Gleichgewichtsverlust
- Die Schulung ist zu statisch, der Spieler muss sich zumindest ständig in einer langsamen Bewegung befinden
- Der Bogen wird nicht mit dem anschließenden Übersetzen oder Start abgeschlossen

BOGENLAUFEN

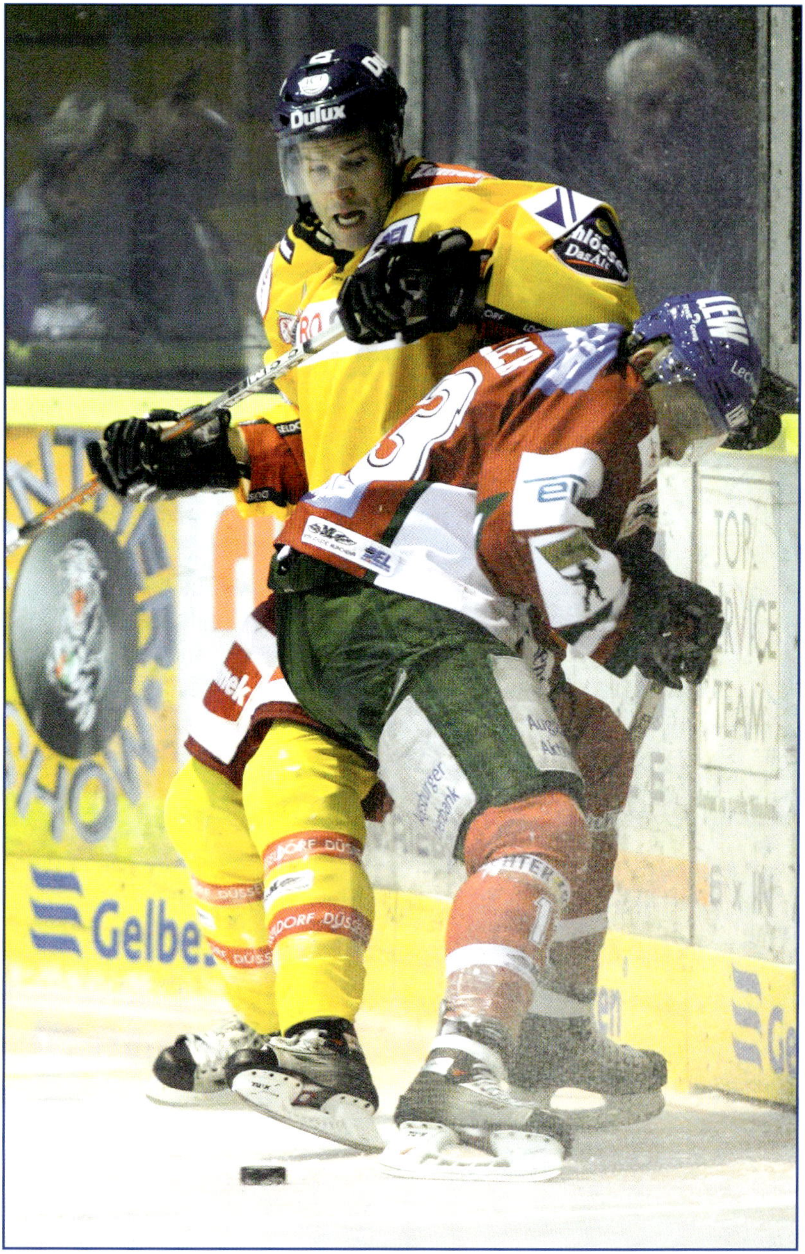
Dulux
TOP
TEAM
Gelbe

6
ÜBERSETZEN VORWÄRTS

Richtige Technik

Wie bereits erwähnt wurde, wird mit der Schulung des Vorwärtsübersetzens meistens auf der linken Seite begonnen. Die Bewegung kommt aus der Hüfte, das Becken hebt sich regelmäßig an. Um sich die Bewegung besser vorstellen zu können, wird die Technik des Vorwärtsübersetzens nach links ausführlicher beschrieben. Die linke Schulter wird nach hinten und die rechte nach vorne gedrückt, der Körperschwerpunkt wird in Richtung Bogenmitte verlagert. Das Außenbein (rechtes Bein) kommt mit der Innenkante in Kontakt mit dem Eis und das Innenbein (linkes Bein) mit der Außenkante. Der Abstoß wird auf der ganzen Innenkante des rechten (außen) Schlittschuhs durchgeführt. Das Körpergewicht befindet sich auf dem linken (inneren), stark gebeugten Bein. Der linke Schlittschuh ist mit der Außenkante auf dem Eis und bewegt sich im Bogen. Es kommt zur Kreuzung des rechten Beins mit der linken Fußspitze, anschließend folgt der Abstoß des linken Schlittschuhs an der Außenkante in die Überkreuzung (Übersetzung) hinter dem rechten Bein (siehe Abbildung 47).

Abb. 47

EISHOCKEY
GRUNDLAGEN

Nach dem Abstoß befindet sich das linke Bein gewissermaßen in der Grundstellung, indem es neu einen Schritt vorwärts macht. Das rechte Bein gleitet auf der Innenkante in den Bogen. Dieses Zyklus **Abstoß – Gleiten – Abstoß** wiederholt sich ständig. Der vollkommene Abstoß kann nur von der ganzen Außenkante des Innenschlittschuhs durchgeführt werden. Die Spieler führen den Abstoß meistens fehlerhaft vom Außenbein aus, wobei der Abstoß vom Innenbein nicht richtig beendet wird. Das Ganze wirkt sich dann durch eine unrhythmische und zu langsame Bewegung aus. Deshalb wird auch nach der Fähigkeit, wie der Spieler den Innenabstoß ausnutzen kann, die Qualität und Schnelligkeit des Eislaufens beurteilt. Bildserie 5 zeigt den ganzen Bewegungsablauf beim Übersetzen vorwärts.

Bildserie 5

ÜBERSETZEN VORWÄRTS

Die Spieler, die den Abstoß richtig vom Innenbein nutzen, gehören zu den schnellsten Eisläufern. Der kräftige Abstoß vom Innenbein mit der optimalen Koordination der Hüftbewegung hilft bei der Vorwärtsbewegung und bei der richtigen Verlagerung des Körpergewichts auf das Außenbein.

Übersetzen vorwärts – die wichtigsten technischen Punkte:

Grundstellung:

- Mehr aufgerichtet
- Gebeugte Knie

Zyklus Abstoß – Gleiten – Abstoß:

- Der abwechselnde Abstoß vom Außen- und Innenbein und der Schlittschuhkante
- Nach dem Abstoß vom Außenbein befindet sich das Körpergewicht auf dem Innen-, stark im Knie gebeugten Bein
- Der Innenschlittschuh ist mit der Außenkante auf dem Eis und bewegt sich im Bogen
- Das Außenbein überkreuzt nach dem Abstoß das Innenbein
- Das Außenbein wird über die Spitze des Innenbeins gekreuzt und so auf das Eis aufgesetzt, dass dann ein Abstoß von der Innenkante möglich ist
- Das Innenbein beendet den Abstoß von der Außenkante und macht einen Schritt (bewegt sich) nach vorne
- Das Außenbein bewegt sich im Bogen auf der Innenkante

EISHOCKEY
GRUNDLAGEN

Methodische Tipps/Trainingsschwerpunkte

- Einzelne Übungen beim Übersetzen vorwärts sind optimal an den Bullykreisen durchzuführen.

- Die erste Grundfertigkeit, die beim Übersetzen vorwärts gewonnen werden sollte, ist das **Vorwärtslaufen im Kreis** (ohne Übersetzen). Dabei ist die richtige Schulterrotation, die Becken- und Schlittschuhstellung wichtig. Schulter und Becken sind in Richtung Kreismitte gedreht, Außen- und Innenschlittschuh neigen sich leicht in Richtung Eis (in Richtung Kreis hinein). Die Übungen werden erstmal ohne Stock ausgeführt. Bei der Bewegung nach links ist der rechte Arm vorne und der linke hinter dem Körper.

- Die zweite Phase besteht im Eislaufen auf dem Innenschlittschuh und im Üben des Abstoßes vom Außenbein, dem so genannten **Halbschlittschuhschritt** oder dem „Trittrollerfahren". Beim Linkslaufen ist das linke Bein im Knie leicht gebeugt und mit dem Körpergewicht belastet. Der Abstoß wird auf der Innenkante des rechten Schlittschuhs ausgeführt. Dabei wird das linke Knie gebeugt und das rechte Bein zieht vor. Anschließend wird das linke Bein allmählich gestreckt und das rechte wird auf dem Eis zum linken Standbein gezogen – die Bewegung gleicht dem Trittrollerfahren. Von Bedeutung ist dabei, das linke Bein nicht vom Eis

Abb. 48

ÜBERSETZEN VORWÄRTS

abzuheben, sondern das Knie gebeugt und das Becken ständig nach vorne gebeugt zu halten. Die Übung wird natürlich auf beiden Seiten erlernt.

- Die nächste Phase ist das **Umtreten**, das lediglich als eine hervorragende Vorbereitung auf das Übersetzen dient. Die Schlittschuhe werden gleichmäßig wechselweise von der Eisfläche abgehoben. Das Bein, das sich im Moment oberhalb des Eises befindet, wird dann gleich neben dem gleitenden Standbein auf das Eis aufgesetzt. Der Körper ist leicht vorgebeugt und der Körperschwerpunkt mehr in Richtung Kreismitte verlagert. Beim Linkslaufen wird der Abstoß vom rechten (außen) Bein ausgeführt, das linke Bein wird vom Eis abgehoben und in die Laufrichtung neben das rechte Bein auf das Eis aufgesetzt, wobei die Fußspitzen nicht zur Seite gedreht werden. Auch diese Übung muss rechts und links geübt werden.

- Es folgt die Schulung des Beinübersetzens (eine seitliche Kreuzbewegung). Es handelt sich um das Überkreuzen der Beine mit dem Aufsetzen des Außen- (rechten) Schlittschuhs auf das Eis (siehe Abbildung 48). Zuerst wird im Stand geübt, die Kinder greifen an die Bande. Das Außen- (rechtes) Bein hebt sich vom Eis an und überkreuzt die Spitze des Innen- (linken) Beins. Dabei ist der Schlittschuh leicht nach innen gedreht und das Aufsetzen folgt über die Fußspitze (siehe Abbildung 49).

Abb. 49

EISHOCKEY
GRUNDLAGEN

- Wenn die vorhergehenden Phasen auf beiden Seiten beherrscht werden, folgt der Abstoß mit dem Innenbein. Diese Übung ist nicht so leicht und deswegen wird erstmal an der Bande geübt. In diesem Fall befindet sich das rechte gleitende Standbein auf dem Eis, das linke Bein stößt sich von der Außenkante in die Überkreuzung hinter dem rechten Bein ab und kommt so bald wie möglich in die Ausgangsstellung zurück (siehe Abbildung 50). Nach dem Erlernen wird die Übung ohne Stütze und in der Bewegung gemacht. Es werden wieder beide Seiten gleichermaßen trainiert.

Abb. 50

- Jetzt werden alle einzelnen Phasen zusammen geübt. Es wird empfohlen, zunächst nach links im Kreis zu üben. Der Abstoß ist sowohl vom Außen- (rechten) als auch vom Innen- (linken) Schlittschuh gleich. Der Blick konzentriert sich auf die Kreismitte. **Es muss der Zyklus Abstoß – Gleiten – Abstoß von beiden Beinen eingehalten werden.**
- Die letzte Phase befasst sich mit dem richtigen Bewegungsrhythmus. Übersetzen wird meistens mit einem akustischen Signal (Zählen, Klatschen) ausgeführt.

ÜBERSETZEN VORWÄRTS

Hauptfehler in der Technik

- Zu geringe oder überhaupt keine Kniebeugung
- Nicht ausreichender Abstoß des Innenbeins und zu kleiner Schritt nach vorne
- Keine gleichmäßigen Abstöße vom Innen- und Außenbein („Hinken")
- Der Abstoß erfolgt von der Fußspitzen und nicht von der ganzen Kante
- Das Aufsetzen erfolgt über die Ferse und nicht über die Spitze
- Das Außenbein ist beim Übersetzen im Knie voll gestreckt
- Es wird nicht der Zyklus Abstoß – Gleiten – Abstoß eingehalten – es kommt zum Springen
- Die Gleitphase fällt auf dem rechten und linken Schlittschuh unterschiedlich aus
- Nicht ausreichende seitliche Verlagerung des Körperschwerpunkts (in Richtung Kreismitte)
- Der Spieler steht mit dem Rücken zur Kreismitte

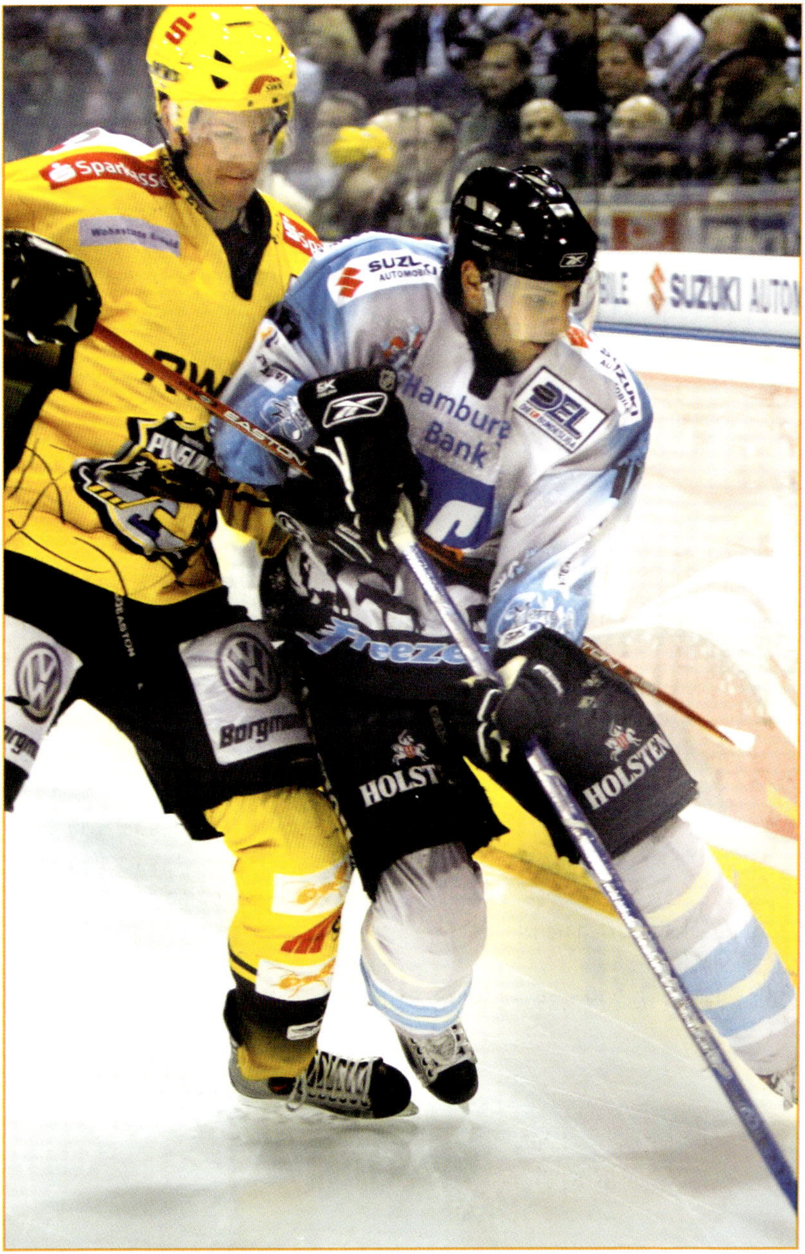
DEL
HOLSTEN
EASTON

7 ÜBERSETZEN RÜCKWÄRTS

Es handelt sich um eine nicht ganz einfache Eislauffertigkeit, die an den Spieler unterschiedliche Anforderungen stellt. Eine notwendige Voraussetzung stellt die gute Beherrschung des Eislaufens bzw. Bogenlaufens rückwärts dar. Für das Übersetzen rückwärts ist eine ähnliche Bewegungsstruktur wie für Übersetzen vorwärts typisch.

Richtige Technik

Der Körperschwerpunkt ist mehr in Richtung Kreismitte verlagert, die Knie sind gebeugt, der Körper und der Kopf ist ziemlich aufgerichtet. Das Senken und das Anheben des Beckens wirkt sich positiv auf den Abstoß aus.

Beim Rückwärtsübersetzen nach links wird regelmäßig das rechte Bein über das linke gestellt. Das linke (innere) Bein stößt sich von der Außenkante ab, wobei die letzte Phase des Abstoßes über die Fußspitze verläuft. Das Körpergewicht wird auf das stark gebeugte rechte (äußere) Bein verlagert, das im Bogen vor das innere (linke) Bein gleitet. Dieses Innenbein wird nach dem Abstoß gebeugt, wobei das Außenbein über die Achse des linken Beins übergesetzt wird. Anschließend folgt der Abstoß von der Innenkante. Das Gleichgewicht bleibt durch die starke Kniebeugung erhalten. Den ganzen Bewegungsablauf zeigt Bildserie 6.

Übersetzen rückwärts – die wichtigsten technischen Punkte:

Grundstellung:

- Der Körper ist mehr aufgerichtet
- Die Knie sind gebeugt

EISHOCKEY
GRUNDLAGEN

Zyklus Abstoß – Gleiten – Abstoß:

- Der Abstoß erfolgt abwechselnd vom Innen- und Außenbein
- Der Abstoß vom Innenbein wird von der Außenkante über die Fußspitze durchgeführt
- Das Körpergewicht wird auf das Außenbein (das in den Bogen gleitet) verlagert
- Das Außenbein wird über die Achse des Innenbeins gestellt und führt den Abstoß von der Innenkante durch

Methodische Tipps/Trainingsschwerpunkte

- In der Praxis wird eine ähnliche methodische Reihenfolge wie beim Übersetzen vorwärts eingesetzt.
- Die erste Phase ist rückwärts laufen nach links im Kreis ohne Stock mit einem Anlauf (ohne Beinbewegungen). Wichtig ist dabei die richtige Körperstellung – leichte Kniebeugung, der Körperschwerpunkt ist in Richtung Kreismitte verlagert, der linke Arm befindet sich leicht hinter dem Körper, der rechte auf der anderen Seite (vor dem Körper). Die ganze Übung wird mit den Beinen in der parallelen, „hüftbreiten" Stellung ausgeführt.
- Als nächste Übung folgt der Halbschlittschuhschritt oder das „Trittrollerfahren" rückwärts. Die Grundstellung ist gleich, der Abstoß wird von der Innenkante des rechten Schlittschuhs mit nach innen gedrehter Fußspitze ausgeführt. Nach dem Abstoß wird im Bogen auf dem Eis das rechte Bein zurück in die Grundstellung gezogen. Die Gleitphase wird ausgenutzt und der Abstoß wiederholt. Die Übungen werden auf beiden Seiten ohne, aber auch mit dem Stock trainiert.
- Als eine Vorbereitung für das Übersetzen folgt noch das Umtreten. Diese Übung wird zunächst an der Bande, später in der Bewegung ausgeführt. Der Verlauf der Übungen sieht ähnlich wie beim Vorwärtsübersetzen aus. Beide Schlittschuhe werden abwechselnd vom Eis abgehoben, um sie dann wiederholt eng neben dem gleitenden Standbein aufzusetzen.
- Mit der Überkreuzung der Beine wird an der Bande angefangen. Dabei muss betont werden, dass die Beine in Knie (sie befinden sich in der Stellung leicht

ÜBERSETZEN RÜCKWÄRTS

Bildserie 6

nebeneinander) gebeugt sind. Das Abstoßbein wird nach dem Abstoß gebeugt, das Außenbein wird über die Achse des Innenbeins gestellt und stößt sich von der Innenkante ab.

- Der Abstoß vom Innenbein wird erst an der Bande praktisch demonstriert. Die Knie sind gebeugt, das linke Bein wird hinter das rechte übergesetzt, um den Abstoß von der ganzen Außenkante (vom linken Bein) durchzuführen. Nach dem Abstoß wird das gestreckte linke Bein vom Eis abgehoben und auf dem kürzesten Weg zum gleitenden Bein (in Überkreuzung) angezogen. Die Übung wird natürlich auf beiden Seiten ausgeführt.
- Es kommt zum Übersetzen rückwärts im Kreis, wobei auf alle wichtigen beschriebenen Punkte geachtet werden muss. Der Bewegungsablauf wird nochmals auf beiden Seiten ohne bzw. später mit dem Stock geübt (siehe Abbildung 51). Es hat sich als positiv erwiesen, die Übungen mit Partnerhilfe durchzuführen. Der vorwärts laufende Spieler hält den Rückwärtslaufenden an den Unterarmen. Später folgt die selbstständige, jedoch zunächst langsame Durchführung.
- Die letze Phase konzentriert sich auf den richtigen Rhythmus des Übersetzens.

Abb. 51

ÜBERSETZEN RÜCKWÄRTS

Hauptfehler in der Technik

- Falsche Grundstellung – zu große Körpervorbeugung, Kopf nicht aufgerichtet
- Bei der Beinüberkreuzung sind die Beine gestreckt, nicht gebeugt
- Ungleicher Abstoß von beiden Beinen
- Falsches Aufsetzen des Innenschlittschuhs auf dem Eis nach dem Abstoß vom Außenbein – zu kleine Drehung des Innenbeins nach innen (leichtes Bremsen bei jedem Aufsetzen des Schlittschuhs auf dem Eis)
- Der Abstoß wird nur von den Fußspitzen und nicht in der Reihenfolge ganze Kante – Fußspitze ausgeführt
- Die Abstöße folgen zu schnell hintereinander, die Gleitphase wird nicht ausreichend genutzt

taxofit
TUI
TUI
RÖTHKE
Hit-Radio
antenne
EASTON
PND
PERSONAL SERVICE

8 DREHUNGEN

Die Drehungen spielen im Eishockey, vor allem bei Richtungsänderungen, eine sehr wichtige Rolle. Es werden zwei Grundvarianten unterschieden:

- Drehungen beim Vorwärts- ins Rückwärtslaufen
- Drehungen beim Rückwärts- ins Vorwärtslaufen

Drehungen werden natürlich in beide Richtungen und entweder auf einem oder beiden Beinen ausgeführt. Dabei ist von Bedeutung, den Laufrhythmus beizubehalten, gleichzeitig sollte die Laufgeschwindigkeit nicht sinken. Nach der Drehung folgt das Auslaufen mit der Steigerung der Geschwindigkeit (genauso wie nach dem Anhalten).

Richtige Technik – Drehungen beim Vorwärts- ins Rückwärtslaufen

Anfänger üben zwei Grundvarianten. Die erste Variante stellt Drehungen auf **einem** oder **beiden** Schlittschuhen dar. Die zweite Variante besteht im **Umtreten von einem auf das andere Bein** (manchmal auch als „Mohawk" bezeichnet). In der technischen Durchführung beider Varianten lassen sich drei Phasen unterscheiden:

- Entlastung
- Drehung
- Senkung

Drehung auf beiden Schlittschuhen

Mit dieser einfachsten Variante sollte man anfangen. Die Ausgangsstellung ist das Vorwärtslaufen auf beiden, leicht im Knie gebeugten Beinen. Bei der Drehung nach links werden die Schlittschuhe durch das Aufrichten des Körpers entlastet. Gleichzeitig kommt es zur schnellen Bewegung der rechten Schulter nach vorne und der linken nach hinten, ähnlich bewegen sich auch die Hüften, wodurch man durch die eigene Umdrehung über die Fußspitzen ins Rückwärtslaufen gelangt.

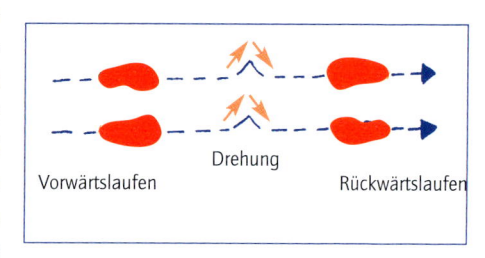

Abb. 52

Dann werden die Beine wieder im Knie gebeugt (der Körperschwerpunkt sinkt), womit die Stabilität für das weitere Rückwärtslaufen gesichert wird. Das Prinzip dieser Drehung besteht also in der Entlastung der Schlittschuhe und in einer anschließenden energischen Schulter- und Hüftbewegung. Die Spuren auf dem Eis zeigt Abbildung 52.

Drehung auf einem Schlittschuh

Diese Drehvariante wird im Spiel meistens in dem Moment eingesetzt, wenn der Spieler bereits nur auf einem Schlittschuh vorwärts läuft und gezwungen ist, sich in das Rückwärtslaufen umzudrehen. Der Bewegungszyklus ist gleich, von Bedeutung ist es wiederum, auf dem gebeugten Bein anzufangen mit nachfolgender Entlastung und energischer Schulter- und Hüftarbeit.

Bei beiden Drehvarianten geschieht es ziemlich oft, dass es bei der Entlastung zu einem kleinen Aufsprung kommt. Um das Gleichgewicht zu erhalten, ist es wichtig, gleich nach der Umdrehung die Beine im Knie zu beugen.

Drehung durch Umtreten von einem auf das andere Bein

Die Schulung dieser Variante wird nach der Beherrschung der beiden vorherigen Übungen empfohlen. Bei der Drehung nach rechts wird das gebeugte linke Bein nach vorne vorgesetzt, wobei sich die Schulter und Hüfte kräftig nach rechts drehen. Gleichzeitig wird das rechte, hintere Bein entlastet. Das rechte Bein wird zum linken, gleitenden Bein angezogen und die Fußspitze nach außen gedreht (Fersen

DREHUNGEN

Abb. 53

befinden sich nebeneinander). Nach dem Beinaufsetzen, bei dem das Körpergewicht auf das rechte Bein verlagert ist, fahren die Beine ziemlich weit auseinander und es folgt das Rückwärtsgleiten (siehe Abbildung 53).

Bildserie 7 zeigt den ganzen Bewegungsablauf bei der Drehung vom Vorwärts- in das Rückwärtslaufen.

Drehung im Bogen

Diese Drehung wird im Spiel häufig von Verteidigern angewendet. Der Spieler läuft vorwärts mit gebeugten Beinen und schiebt ein Bein nach vorne. Bei der Drehung nach rechts wird der rechte Schlittschuh leicht vor den linken versetzt, wobei das Gleiten in den Bogen nach rechts beginnt. In dem Moment, wenn der höchste Punkt des Bogens erreicht wird, kommt es zur Entlastung mit der energischen Hüft- und Schulterbewegung in die Gegenrichtung. Die linke Schulter bewegt sich leicht nach hinten, die rechte nach vorne. Während der Entlastung des Körpers kommt es zum Beinwechsel. Der linke Schlittschuh ist leicht vorne und macht einen kurzen Bogen rückwärts auf der Außenkante, wobei sich der rechte Schlittschuh auf der Innenkante bewegt.

Bei höheren Laufgeschwindigkeit, wenn für den größeren Bogen nicht so viel Zeit bleibt, wird in seinem höchsten Punkt leicht gebremst, um dann die Drehung auf die gleiche Weise auszuführen.

Bildserie 7

DREHUNGEN

Richtige Technik – Drehungen beim Rückwärts- ins Vorwärtslaufen

Hierbei werden meistens zwei Drehvarianten verwendet.

Drehung auf beiden Schlittschuhen

Die Bewegungstechnik ist gleich wie bei der Drehung im Vorwärtslaufen. Das heißt, im Rückwärtsgleiten auf beiden Beinen in der leichten Kniebeuge werden die Schlittschuhe durch eine Knie- und Beckenaufhebung entlastet. Ganz kurz vor der eigenen Drehung werden schnell Rumpf, Schulter und Kopf in die neue Laufrichtung eingedreht. Die folgende Drehung, die mehr auf den Fußspitzen stattfindet, wird damit wesentlich erleichtert. Um nicht die Laufgeschwindigkeit und den Bewegungsrhythmus zu verlieren, muss die Bein-, Rumpf- und Schulterarbeit gleichzeitig vollzogen werden.

Drehung durch Umtreten von einem auf das andere Bein

Während des Rückwärtslaufens bei der Drehung nach links wird das Körpergewicht auf das rechte, gebeugte Bein verlagert. Das linke Bein wird abgehoben und

Abb. 54

wird gebeugt mit der Fußspitze nach vorne in die Laufrichtung eingedreht. In diesem Moment wird auf dieses Bein auch das Körpergewicht verlagert. Kopf, Rumpf und Schulter werden in die Richtung der Drehung gestellt mit der gleichzeitigen Entlastung der Hüften. Weiter folgt das Vorwärtslaufen (siehe Abbildung 54).

Eine ähnliche Drehvariante, die in der Praxis häufig vorkommt, besteht darin, dass noch kurz vor ihrer Durchführung das Körpergewicht auf das Abstoßbein durch Übersetzen verlagert wird. Der weitere Bewegungsablauf ist gleich wie im vorigen Absatz. Diese Drehvariante zeigt Bildserie 8.

Bildserie 8

DREHUNGEN

Methodische Tipps/Trainingsschwerpunkte

Die Durchführung der Drehungen auf einem oder beiden Beinen setzt ein bestimmtes Gewandtheitsniveau und Eislauffertigkeiten voraus. Bei der Schulung ist es optimal, erstmal nur eine Variante zu bewältigen und erst später die anderen zu üben. Es wird folgende Reihenfolge empfohlen:

- Drehung beim Vorwärtslaufen auf beiden Beinen
- Drehung beim Vorwärtslaufen durch das Umtreten
- Drehung beim Rückwärtslaufen auf beiden Beinen
- Drehung beim Rückwärtslaufen durch das Übersetzen
- Drehung beim Vorwärtslaufen auf einem Bein

Bei der Schulung ohne Stock haben sich die folgenden Schritte bewährt:

- Die Grundbewegung (Entlasten, Fußspitzendrehung und Senken des Körperschwerpunkts) wird frontal an der mit beiden Händen gefassten Bande geübt.

- Des Weiteren wird die Drehung erstmal auf der Stelle und dann mit niedriger Geschwindigkeit geübt. Die Grundstellung wird mit leicht gebeugten Beinen, mit einem Arm im Vorhalte und mit dem anderen hinter dem Körper eingenommen. Hinter dem Körper befindet sich der Arm, auf dessen Seite die Drehung ausgeführt wird. Nochmals muss hier betont werden, dass die Drehungen erstmal auf der leichteren Seite geübt werden sollen. Die Drehung wird auf beiden Schlittschuhen ausgeführt, wobei das Körpergewicht auf beiden Beinen gleichmäßig verteilt ist. Diese Drehvariante dient vor allem als Übung für die Drehung mit dem Umtreten.

- Die Schulung der Drehung mit dem Umtreten beginnt ähnlich wie die vorige Übung an der Bande. Hier wird die Rotation und das Aufsetzen des hinteren Fußes geübt. Wichtiger Moment dabei ist das „Schaukeln" beim Übergang vom vorderen zum hinteren Bein, das heißt – die Bewegung mit der Hüftaufhebung.

- In der zweiten Phase wird bereits im langsamen Vorwärtslauf geübt. Das hintere Bein ist leicht mit der Fußspitze nach hinten gedreht, dabei hilft das leichte Bremsen auf der Innenkante (von der Fußspitze). Wenn sich die Fußspitze

ins Eis drückt, kommt es zur leichten Drehung in die geplante Richtung. Nachher verlagert sich das Körpergewicht auf das hintere Bein, wodurch natürlich das vordere entlastet wird.
- Nach der erfolgreichen Drehung auf dem hinteren Bein wird die ganze Drehung und das Entlasten geübt.
- Die Drehungen werden in beide Richtungen ohne und mit dem Stock durchgeführt.

Hauptfehler in der Technik

- Die Drehung wird ohne Entlastung durchgeführt
- Nicht ausreichende Rumpf- und Schulterrotation
- Die Drehung wird vom hinteren auf das vorderen Bein ausgeführt
- Bei der Drehung auf beiden Beinen befindet sich der Körper in der Rückwärtsbeugung
- Bei der Drehung mit dem Übersetzen erfolgt kein genaues Aufsetzen in die neue Richtung
- Nach der Drehung folgt kein Start
- Nur einseitige Bewältigung der Übung

DREHUNGEN

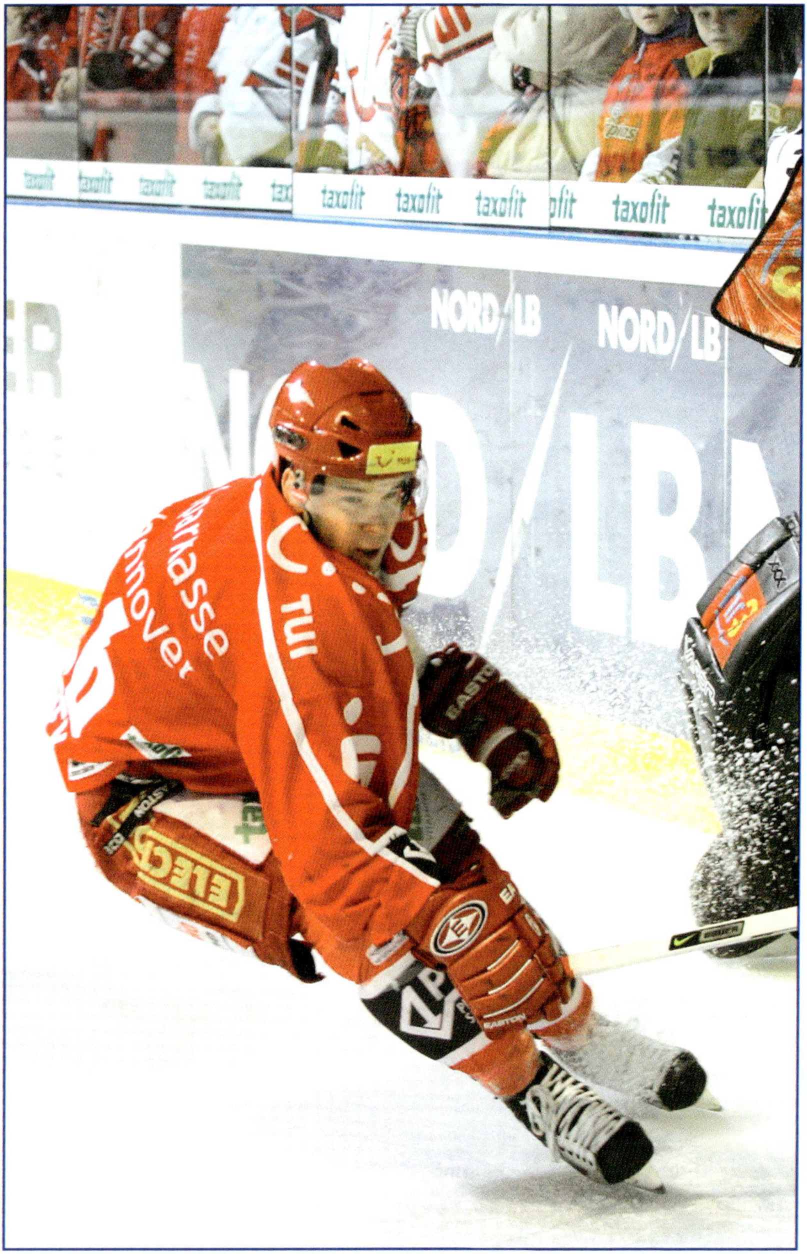
taxofit
NORD/LB
NORD/LB
TUI

9 STARTS

Die Schnelligkeit ist ein charakteristisches Merkmal des heutigen Eishockeyspiels. Die Starts spielen im Spiel vor allem bei Befreiung, Angriff, Richtungsänderungen und beim Verfolgen des Gegners eine wichtige Rolle. Die Technik der Starts im Eishockey baut auf den gleichen Prinzipien wie in anderen Sportarten auf. Als Erstes erfolgt die Verlagerung des Körperschwerpunkts in die Startrichtung. Den sich anbahnenden Sturz nach vorne vermeidet man durch schnelle, kurze und kräftige Schritte. Diese Schritte gehen später allmählich in ein langes Gleiten über. Der gute Spieler muss unbedingt aus dem Stand, aus der Bewegung und aus verschiedenen Positionen starten können. Es handelt sich um folgende Startvarianten:

- Start vorwärts
- Start rückwärts
- Start seitwärts
- Start nach dem Anhalten auf einem und beiden Beinen in alle Richtungen

Die Schulung aller Varianten ist in jeder Altersklasse sehr wichtig. Dennoch kann mit der Schulung erst nach der Beherrschung der Grundfertigkeiten des Eislaufens begonnen werden.

Richtige Technik

Start vorwärts aus dem Stand

Die Grundstellung ist durch eine tiefere Kniebeugung und die Rumpfvorbeugung gekennzeichnet. Die Fußspitzen sind relativ weit nach außen gedreht. Der Körperschwerpunkt ist nach vorne verlegt und der drohende Sturz wird durch schnelle, kurze Schritte ausgeglichen. Biomechanische Untersuchungen zeigen, dass der Winkel zwischen beiden Fußspitzen bei den ersten vier Schritten zwischen 87-38° liegt (siehe Abbildung 55).

EISHOCKEY
GRUNDLAGEN

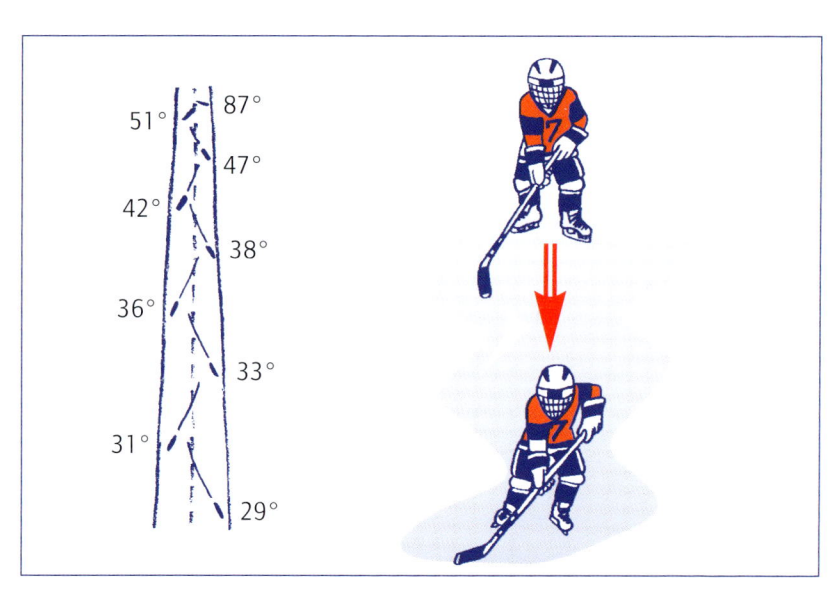

Abb. 55

Der Zyklus – Abstoß – Abstoß wird mit dem Einsatz der Innenkanten ausgeführt. Die Schritte sind zunächst kurz, um später länger zu werden, bis es zum Gleiten kommt. Der Körper wird langsam aufgerichtet. Der Schlittschuh wird auf das Eis mit der ganzen Länge aufgesetzt, nachdem ein energischer Abstoß von der Fußspitze erfolgt ist. Eine wichtige Rolle spielen dabei begleitende Armbewegungen (siehe Abbildung 56).

Abb. 56

STARTS

Start seitwärts aus dem Stand

Die Grundstellung ist durch einen schmalen Seitgrätschstand und einen aufgerichteten Rumpf gekennzeichnet. Um sich den Bewegungsablauf besser vorstellen zu können, wird der Start nach links beschrieben. Beim Start kommt es zunächst zum Abstoß von der ganzen Innenkante des rechten (äußeren) Beins nach links. Das Körpergewicht wird auf das linke (innere) Bein verlagert, das vom rechten Bein überschritten wird. Anschließend folgt der Abstoß vom anderen Bein (von der Spitze der Außenkante des linken Schlittschuhs) mit der gleichzeitigen frontalen Rumpfrotation in die Bewegungsrichtung (siehe Abbildung 57).

Abb. 56

Start vorwärts aus dem Vorwärtslaufen

Durch größere Körpervorbeugung verlegt der Spieler das Körpergewicht mehr nach vorne. Die Beine gleichen die Bewegung durch eine höhere Schrittfrequenz und eine kürzere Schrittlänge aus. Der Schlittschuh bewegt sich seitwärts in einem kleineren Schlangenbogen (der früher beschriebene „S"- Schlangenbogen wird verkürzt). Beim Start wird der Schlittschuh leicht vom Eis abgehoben und später wiederholt auf das Eis mit der ganzen Kante aufgesetzt. Danach werden die Fußspitzen nach außen eingedreht. Der weitere Bewegungsablauf ist gleich wie beim Start vorwärts aus dem Stand.

EISHOCKEY
GRUNDLAGEN

Start vorwärts in die Gegenrichtung nach dem Anhalten aus dem Vorwärtslaufen

Bei dieser Startvariante ist es von Bedeutung zu unterscheiden, ob es sich um das Anhalten auf einem (entweder äußeres oder inneres) Bein oder beiden Beinen handelt. In beiden Fällen wird die Rückwärtsbewegung, die durch das Anhalten entsteht, ausgenutzt.

Nach dem Anhalten auf dem **Außenbein** werden meistens beide Startvarianten verwendet. Es geht um den Start aus der T-Stellung der Beine. Der Spieler verharrt dabei in einer Kniebeuge und legt das Körpergewicht auf das Abstoßbein, das im rechten Winkel zur folgenden Bewegungsrichtung eingedreht ist. Der Abstoß wird von der Innenkante dieses Schlittschuhs ausgeführt. Der zweite Schlittschuh wird in die Bewegungsrichtung (T-Stellung) mit gleichzeitiger Fußspitzendrehung nach außen aufgesetzt. Nachher folgt der bereits beschriebene **Zyklus Abstoß – Abstoß** (siehe Abbildung 58).

Abb. 58

STARTS

Die zweite Startvariante wird ähnlich wie beim Start seitwärts auf dem Übersetzen aufgebaut.

Beim Anhalten auf dem **Innenbein** ist die Starttechnik ähnlich wie beim Start seitwärts aus dem Stand. Der technische Unterschied besteht darin, dass sich das Körpergewicht nach dem Anhalten auf dem Innenbein befindet und deshalb folgt das Übersetzen in der Bewegung und nicht nach dem Abstoß vom Außenbein.

Beim Anhalten auf **beiden Beinen** sind zwei Startvarianten, die bereits beim Start nach dem Anhalten auf einem Bein beschrieben wurden, möglich (siehe Abbildung 59 und 60).

Abb. 59

EISHOCKEY
GRUNDLAGEN

Abb. 60

Start vorwärts nach dem Anhalten aus dem Rückwärtslaufen

Im Rückwärtslaufen wird durch den bereits beschriebenen beidseitigen Pflug angehalten. In der letzten Phase befinden sich die Beine im breiten Grätschstand mit nach außen gedrehten Fußspitzen, die Knie sind gebeugt und Richtung Eis gedrückt. Der ganze Körper ist vorgebeugt, was günstige biomechanische Voraussetzungen für die nächste Bewegung garantiert. Es folgen kurze Rückwärtsbögen auf beiden Beinen, wobei sich beide Fersen zusammen bewegen. Das Körpergewicht verlagert sich auf das Abstoßbein, das mit der Fußspitze nach außen im rechten Winkel zur Bewegungsrichtung gedreht ist. Das andere Bein hebt sich vom Eis ab, um gleich wie beim Start vorwärts aufgesetzt zu werden. Es folgt der bereits beschriebene **Zyklus Abstoß – Abstoß** (siehe Abbildung 61).

STARTS

Abb. 61

Start seitwärts aus dem Rückwärtslaufen

Bei dieser Startvariante muss zunächst das Körpergewicht auf das Abstoßbein durch ein Übersetzen verlagert werden. In Bezug zur Startseite handelt es sich jeweils um das gegenüberstehende Bein.

Beim Start nach links wird rückwärts links übergesetzt, das Körpergewicht ist auf das rechte (Abstoß-)Bein verlagert. Dieses Bein ist gebeugt und der Schlittschuh zum Eis hin gekippt, was gute Voraussetzungen für den Abstoß darstellt. Das andere (linke) Bein wird nach dem Übersetzen zur Seite gedreht und auf das Eis in die Bewegungsrichtung aufgesetzt. Das Körpergewicht verlagert sich auf das linke Bein und der Spieler läuft oder übersetzt weiter vorwärts. Die ganze Starttechnik zeigt Bildserie 9.

Bildserie 9

STARTS

Methodische Tipps/Trainingsschwerpunkte

- Die Schulung ist erst nach der Beherrschung aller Eislaufgrundfertigkeiten möglich.
- Zuerst ist es nötig, die Starts aus dem Stand zu bewältigen, erst dann knüpfen die Starts nach dem Anhalten an die Starts aus der Bewegung an.
- Die Schulung beginnt mit der Drehung der Fußspitzen nach außen und mit der Vorbeugung des Körpers. Der Körperschwerpunkt sinkt, die Knie sind ziemlich stark gebeugt. Die Übung wird frontal an der mit beiden Händen gefassten Bande ausgeführt. Von Bedeutung ist ein richtiges Aufsetzen der Schlittschuhe mit nach außen gedrehten Fußspitzen (siehe Abbildung 62).

Abb. 62

Diese Übung ist auch mit Partner zu empfehlen. Der übende Spieler beugt sich vor und schiebt den anderen, der die Bewegung bremst. Die Übung ist ein ausgezeichnetes Mittel beim Erlernen Verlagerung des Körpergewichts nach vorne (das Überfallen) und für das richtige Aufsetzen der Schlittschuhe auf das Eis (siehe Abbildung 63).

Abb. 63

EISHOCKEY
GRUNDLAGEN

- Die nächste Phase ist das Erlernen von kurzen Schritten beim Start. Alle diese Übungen werden mit maximaler Trittfrequenz durchgeführt (beispielsweise das Stampfen usw.).

- Wenn die richtige Körpervorbeugung und die hohe Schrittfrequenz beherrscht werden, werden beide Fertigkeiten in den vollständigen Start integriert. Ein wichtiger Aspekt ist das Erlernen der Schrittverlängerung. Dafür werden meistens einfache Übungen verwendet. Beispielsweise auf dem Eis nebeneinander liegende Stöcke, deren Abstände ständig vergrößert werden, wobei der Spieler in jede Lücke jeweils einen Schritt machen muss (siehe Abbildung 64).

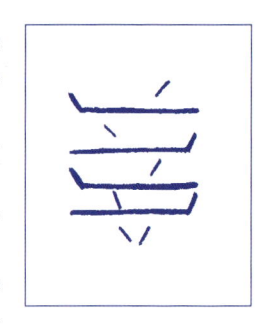

Abb. 64

- Beim Training des Starts seitwärts aus dem Stand werden ähnliche Übungen eingesetzt. Der Spieler steht seitlich zur Startrichtung, mit einem Bein überschreitet er einen Stock und erst dann läuft er vorwärts heraus (siehe Abbildung 65).

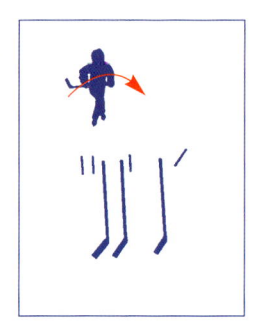

Abb. 65

- Bei dieser Übung ist eine richtige, begleitende Armbewegung wichtig.

- Die letzte Phase ist das Üben von Starts in alle Richtungen aus dem Vorwärts- und Rückwärtslaufen.

- Starttraining ist energetisch sehr anstrengend und deshalb wird nur in kleinen Sätzen (2-3, mit Pausen zwischen den einzelnen Sätzen von 3-5 Minuten) mit 4-6 Wiederholungen pro Satz und auch mit ausreichenden Pausen zwischen den einzelnen Wiederholungen (1:8) geübt.

STARTS

Hauptfehler in der Technik

- Zu wenig nach außen gedrehte Fußspitzen
- Es fehlt der kräftige Abstoß von den Fußspitzen
- Es fehlt der **Zyklus Abstoß – Abstoß**, die Gleitphase ist zu lang, der Spieler macht zu lange Schritte mit niedriger Frequenz
- Beim Start ist der Körper nicht ausreichend vorgebeugt, Knie sind nicht genügend gebeugt
- Die Schritte werden nicht zunehmend verlängert, es kommt nicht zum langen Gleiten – zum **Zyklus Abstoß – Gleiten – Abstoß**
- Beim Start seitwärts kommt es nicht zur Beugung des Innenbeins und zur Verlagerung des Körpergewichts auf das Außenbein, gleichzeitig fehlt der Abstoß von der Fußspitze des Innenbeins

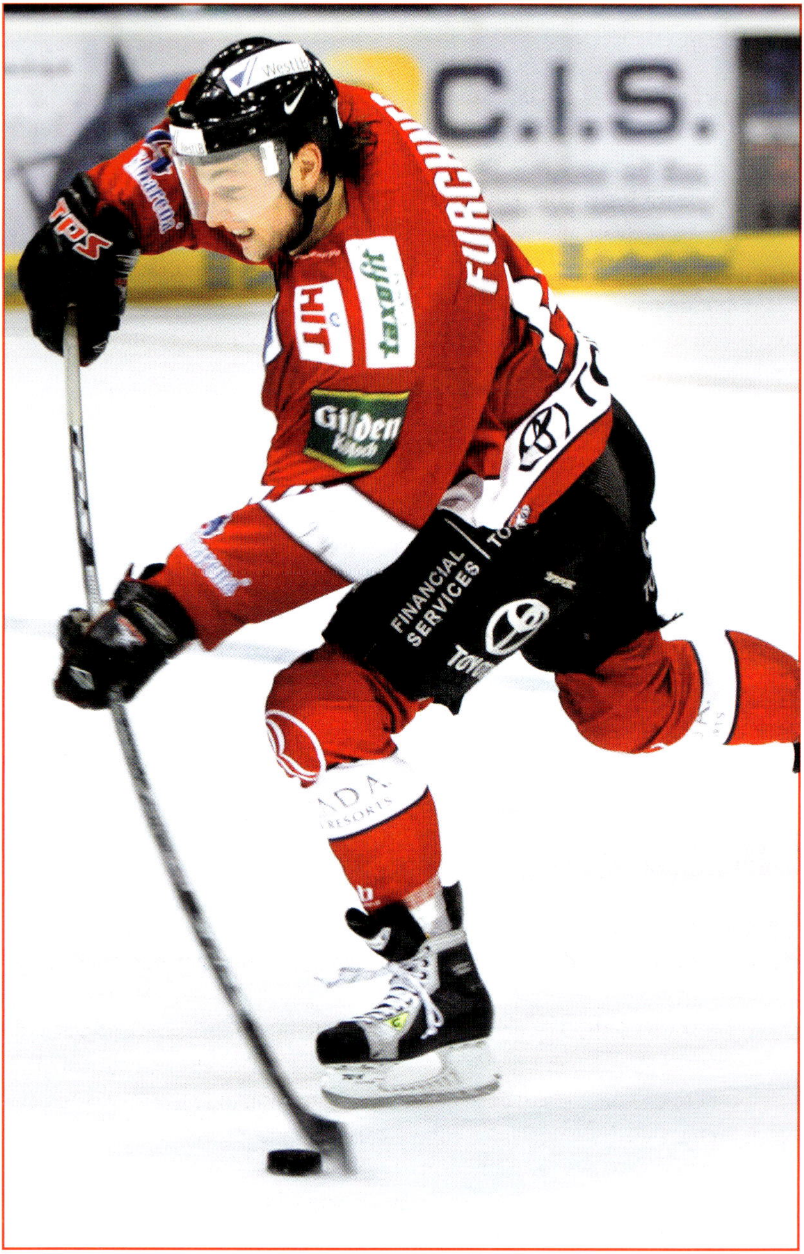
C.I.S.
TPS
HIT
taxofit
Gilden
FINANCIAL SERVICES

10 GEWANDTES EISLAUFEN

Das ganze System des Eislaufens im Eishockey besteht aus einer hohen Anzahl von Bewegungen, die während des Spiels mehr oder weniger eingesetzt werden. Die Schulung aller dieser Bewegungen gehört jedoch nicht in das Grundtraining des Eislaufens. Training setzt bereits erlernte Fertigkeiten voraus und schließt sich an bestehende Bewegungserfahrungen an und entwickelt diese weiter.

Daher werden **alle Drehungen** auf einem oder beiden Beinen, mit dem Übersetzen, Heraustreten in die Laufrichtung, Heraustreten mit dem Übersetzen usw. einbezogen. Weiterhin gehört in diese Kategorie das **Bogenlaufen** mit angeschlossenem Übersetzen, Bremsen usw. Genauso wie sämtliche **Richtungsänderungen mit dem Anhalten** auf einem oder beiden Schlittschuhen, Starts, Bögen im Gleiten in der Kombination mit dem Übersetzen. Zuletzt handelt es sich um so genannte **Manöver**, das heißt um Hüpfen, Sprünge, Lageveränderungen wie Knien, Liegen, Kniebeugen auf einem oder beiden Beinen usw.

Die Übersicht zeigt eindeutig, dass die Skala des gewandten Eislaufens wirklich bunt und breit ist. Um gewandtes Eislaufen vervollkommnen zu können, müssen jedoch die Grundlagen, so wie sie in der vorigen Kapiteln beschrieben worden sind (ohne und auch mit dem Puck), gut beherrscht werden.

Ein spezielles Gebiet stellt das Eislaufen der Torwärter dar. Die hierzu notwendigen Inhalte und Methoden sind jedoch in anderen Publikationen beschrieben.

Das Eislaufen im Eishockey gehört zu den Grundfertigkeiten, die jeder Spieler bewältigen muss. Das Üben und Vervollkommnen des Eislaufens ist eine Tätigkeit, die nie endet und auf die auch die besten Spieler im Training nicht verzichten dürfen. In den ersten Trainingsjahren sollten diese Tätigkeiten einen überwiegenden Teil des Trainingsinhalts beanspruchen. Dabei sollte ein großes Spektrum von Mitteln eingesetzt werden. Schlechtes Eislaufen schränkt natürlich den Spieler ein und verhindert in nächsten Jahren eine weitere Leistungssteigerung.

EISHOCKEY
GRUNDLAGEN

Nach der Beherrschung aller Grundtechniken ist es nötig, diese Bewegungsfertigkeiten mit anderen und vor allem mit dem Puck zu verbinden. Die Praxis zeigt, dass Eislaufen rückwärts und vorwärts mit dem Puck mit schnellen Richtungsänderungen oft unterschätzt wird. Das wirkt sich negativ in Ländervergleichen mit Mannschaften aus, die zur absoluten Weltspitze im Eishockey gehören. Bei den jüngsten Spielern bilden alle Gewandtheitsübungen entweder mit oder ohne Puck qualitative und feste Bewegungsstereotype, die durch ständiges Wiederholen zur späteren individuellen technischen Perfektion führen.

Im Training aller Altersklassen werden die Übungen vernachlässigt, bei denen es zur Veränderung des Gewichtsschwerpunkts (tiefe Kniebeugung, knien, vorbeugen) bei der Puckkontrolle kommt. Im heutigen Spiel, das durch ständige Körperkontakte charakterisiert ist, ist die Beherrschung gerade dieser Fertigkeiten sehr wichtig. Sie ermöglichen es, den Puck unter Kontrolle zu halten und den Torschuss aus unterschiedlichen Spielsituationen durchzuführen.

Vorzeitige Spezialisierung der Spieler als Verteidiger oder Stürmer bereits in den jüngsten Altersklassen wirkt sich in der Beherrschung aller Eislauftechniken negativ aus. Sie verhindert die weitere individuelle Entwicklung der notwendigen Fähigkeiten. Bei älteren Spielern findet man dann oft ungeschickte und langsame Verteidiger und auf der anderen Seite Stürmer, die die Verteidigungsfertigkeiten nur unvollkommen beherrschen.

Ausschließlich hervorragend erlernte Eislauftechnik inklusive sicherer Puckkontrolle in Verbindung mit ausgezeichneter Entwicklung der Schnelligkeit, Kraft und Gewandtheit bringt die Spieler in älteren Klassen zur echten Meisterschaft und hoher Leistungsfähigkeit. Dabei muss jedoch berücksichtigt werden, dass ein rhythmisches Eislaufen in langen Bögen die Entwicklung der Schnellkraft nicht unterstützt. Diese Fähigkeit wird nur durch das Eislaufen mit schnellen Richtungsänderungen beim Vorwärts- und Rückwärtslaufen sowie durch das Anhalten entwickelt.

Das Verstehen und Umsetzen der genannten methodischen Gesetzmäßigkeiten und Spezifiken wird sich in der Form von technisch vielseitig ausgerüsteten Spielern auswirken, die nicht nur sehr gute sportliche Leistungen, sondern auch Spaß am Spiel mitbringen.

GEWANDTES EISLAUFEN

101

Dulux
METRO
STARS
METRO
Zamek
Schlösser
DasAlt
EASTON
DÜSSELDORF

KLEINE BEWEGUNGSSPIELE AUF DEM EIS

1. Die Spieler stehen in einer Reihe auf der Torlinie. Es wird eine Schrittanzahl für den Anlauf angesagt. Auf Kommando starten alle Spieler vorwärts los und nach einer bestimmten Schrittanzahl gleiten alle auf einem Bein weiter. Wer so am weitesten kommt, ist der Sieger.

Varianten:
a) Das Gleiche mit gebeugten Knien
b) In der Kniebeuge auf einem Bein
c) In der Waage
d) Mit nicht so vielen Anlaufschritten usw.

2. Die Spieler sind in zwei Gruppen aufgeteilt, die sich auf der kürzeren Seite des Spielfeldes gegenüberstehen. Die Spieler der einen Gruppe fassen sich an den Händen und auf Kommando laufen beide Gruppen gegeneinander los. Die Gruppe, die sich nicht an den Händen fasst, läuft unter den Händen der anderen Gruppe durch. Beim Rückwärtslaufen werden die Rollen getauscht.

3. Fangspiele
a) Es wird in einem begrenzten Feld gespielt, wo ein Spieler den anderen verfolgt. Der Spieler, der den zweiten Spieler fängt oder ihn zwingt, den Spielraum zu verlassen, ist der Sieger, wobei die Rollen getauscht werden.
b) Jeweils zwei Spieler mit Einhandfassung verfolgen zwei andere. Wer gefangen ist, verfolgt mit. Sollten sich die Spieler bei der Verfolgung loslassen, gilt das Fangen nicht. Passiert es bei den verfolgten Spielern, sind sie dadurch automatisch gefangen.
c) Jeweils drei Spieler spielen alleine:
   • Ein Spieler verfolgt beide.
   • Zunächst verfolgt der Erste den Zweiten, nachher der Zweite den Dritten und letztendlich der Dritte den Ersten.
d) Ein oder zwei Spieler verfolgen alle anderen.
e) Nach einer festgelegten Zeit (beispielsweise nach 20 Sekunden) versucht jeder Spieler, so viele andere Spieler wie möglich zu fangen.

EISHOCKEY
GRUNDLAGEN

f) Die verfolgten Spieler besitzen einen Gegenstand (zum Beispiel einen Handschuh, Puck, Ball, …), der an die anderen Spieler übergeben werden soll. Der Verfolgende kann nur den fangen, der gerade den Gegenstand in der Hand hat.

g) Der verfolgende Spieler ist alleine, die anderen sind zu zweit (mit Handfassung). Wer gefangen ist, verfolgt und der ehemalige Verfolger kommt zu seinem Partner.

4. Ein ausgewählter Spieler versucht, einen Gegenspieler zu fangen und so einen Helfer zu gewinnen. Die Verfolgenden und Verfolgten laufen auf Kommando gegeneinander, wobei die Verfolgten rückwärts ausweichen dürfen. Die Verfolger müssen sich im Gegensatz dazu nur vorwärts bewegen. Es wird so lange gespielt, bis nur ein Spieler übrig bleibt, der im nächsten Spiel als Erster verfolgt.

5. Die Spieler werden in vier Gruppen aufgeteilt. Jede Gruppe befindet sich im Bullykreis. In der Mitte des Spielfeldes ist ein „Zauberer" mit einem Zauberstock. Sobald er den Stock über den Kopf hebt, müssen alle Spieler zu ihm mit gebeugten Knien gleiten. Sobald der Stock auf die Eisfläche fällt, müssen alle zurück in ihren Kreis. Der Zauberer verfolgt sie dabei und wer gefangen ist, wird der neue Zauberer.

6. Die Gruppen stehen in Reihen nebeneinander, vor jeder Gruppe gibt es auf dem Eis drei Marken in der gleichen Entfernung und jede Mannschaft besitzt drei Gegenstände. Auf Kommando bringt der erste Spieler einen Gegenstand zur ersten Marke und läuft zurück. Dasselbe führt er mit dem zweiten und dritten Gegenstand durch. Auf ein Händeklatschen mit dem nächsten Spieler startet dieser anschließend und nimmt die Gegenstände (einer nach dem anderen) weg, um sie wieder zum Start zu bringen. Der Dritte wiederum stellt Gegenstände auf die Marken usw. Die Mannschaft gewinnt, deren Spieler sich schneller abwechseln.

7. Staffel

a) Die Mannschaften stehen in Reihen nebeneinander, vor jeder Mannschaft befinden sich auf dem Eis drei Marken. An jeder Marke muss jeder Spieler eine vorher gestellte Aufgabe (Drehung, Kniebeuge, Anhalten, Aufsprung usw.) erfüllen. Nachher kommt er so schnell wie möglich zurück und läuft um die eigene Mannschaft herum, dann startet der nächste Spieler. Er selbst schließt sich hinten an.

KLEINE BEWEGUNGSSPIELE AUF DEM EIS

b) Die Mannschaften stehen in Reihen nebeneinander, vor jeder Mannschaft befinden sich Hürden. Auf Kommando laufen einzelne Spieler los, springen über die Hürden und laufen zurück.
c) Die Mannschaften stehen im Kreis (die linke Hüfte zeigt in die Kreismitte). Alle Spieler sind durchnummeriert, der Erste hat den Staffelstab. Auf Signal läuft der Erste um den Kreis herum und übergibt den Stab an den Zweiten. Die Mannschaft gewinnt, die als Erste alle Spieler ins Ziel bringt.
d) Die Mannschaften stehen hinter der Linie. Auf Signal startet der erste Spieler, läuft um den Kegel herum und kommt zurück. Anschließend umfasst er die Hüfte des zweiten Spielers und beide laufen zusammen. Später kommen auch die anderen Spieler hinzu, bis die ganze Mannschaft läuft. Nachher wird das Ganze wiederholt, aber in umgekehrter Reihenfolge. Das heißt, von der Mannschaft trennt sich zunächst der erste Spieler, dann der zweite usw.
e) Dasselbe wie im vorigen Spiel nur mit dem Unterschied, dass es sich um einen Slalom um die Kegel handelt.
f) Die Spieler befinden sich in zwei Gruppen, die in Reihen auf den blauen Linien frontal zu den Toren stehen. Auf Kommando startet der erste Spieler, durch das Übersetzen läuft er einen Achter um die Bullykreise und übergibt das Staffelholz.

8. Dieses Spiel eignet sich für absolute Anfänger. Die Spieler werden in zwei Gruppen – „Adler" und „Habichte" – verteilt. In beiden „Nestern" (zwei Bullykreise) befindet sich eine bestimmte Menge an Pucks („Eier"). Auf Signal versuchen beide Gruppen, eine möglichst große Anzahl an „Eiern" in das eigene „Nest" zu sammeln. Dabei ist kein Körperspiel zugelassen.

9. Das folgende Spiel zielt auf Aufmerksamkeit und auf Richtungsänderungen. Das Spielfeld stellt ein Schiff dar, auf dem Feuer ausgebrochen ist. Die Spieler erfüllen verschiedene Aufgaben. Auf Kommando „Vorderschiff" laufen alle auf die kürzere Seite, auf Kommando „Heck" auf die gegenüberliegende Seite, auf „Schranke" in die Bauchlage, auf „Feuer an Bord" springen alle auf die Bande.

10. Auf Signal laufen Spieler von einem „Nest" in das andere. Dabei sollen die „Piraten" sie nicht erwischen. Die Spieler dürfen nur vorwärts und seitwärts (nicht rückwärts) laufen. Wenn sie eine bestimmte Stelle erreichen, sind sie in Sicherheit (im „Nest"). Wer von den Piraten gefangen wird, wird selbst ein Pirat.

EISHOCKEY
GRUNDLAGEN

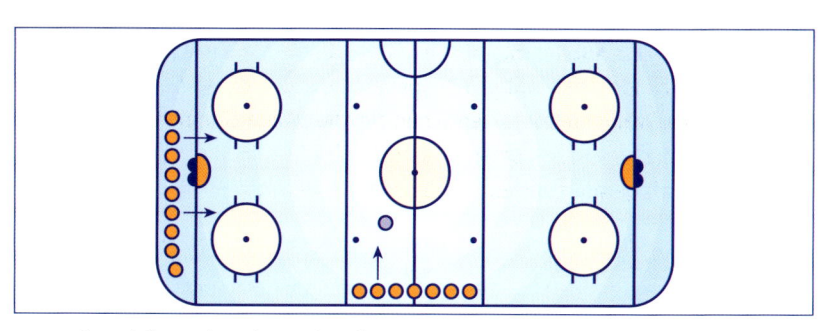

11. Die Spieler stehen in zwei Reihen. Der „Jäger" ruft „das letzte Paar heraus", wobei die letzten beiden Spieler vorwärts laufen und versuchen, sich an den Händen zu fassen. Falls der „Jäger" jemanden fängt, tauscht derjenige mit ihm die Rolle.

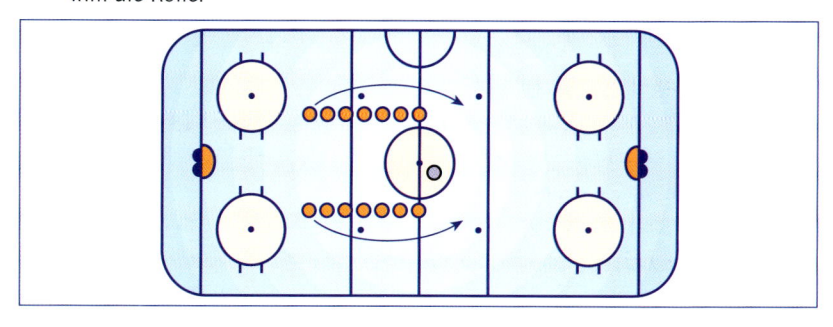

12. Die Spieler sind in Gruppen um den Mittelkreis verteilt. Auf Kommando soll jeder so schnell wie möglich die Bande berühren. Die Mannschaft gewinnt, deren Spieler als Erste die Ausgangsstellung am Kreis wieder beziehen. Das Spiel kann auch auf den längeren Seiten des Spielfeldes durchgeführt werden.

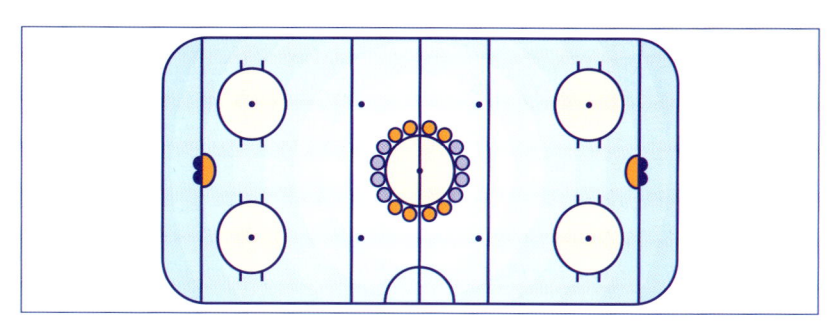

KLEINE BEWEGUNGSSPIELE AUF DEM EIS

13. Die Spieler (in zwei Gruppen verteilt – „die Roten" und „die Schwarzen") stehen oder sitzen auf der roten Linie mit den Rücken zueinander. Zum Beispiel auf Kommando „Rot" laufen alle Spieler dieser Gruppe hinter die angegebene Marke. Währenddessen versuchen sie, die zweite Gruppe zu fangen. Wie viele Spieler gefangen werden, so viele Punkte bekommt die Mannschaft. Die Mannschaft gewinnt, die am Schluss mehr Punkte hat.

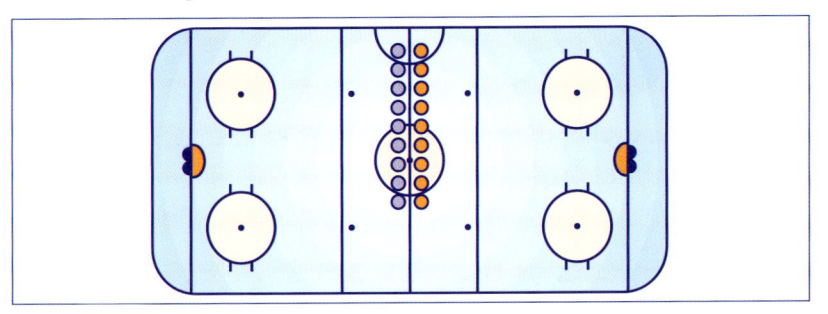

14. Jeder Spieler hat seine Nummer.
  a) Der Trainer ruft eine bestimmte Nummer auf. Alle Spieler mit dieser Nummer laufen um das Spielfeld herum und versuchen, als Erste auf die Plätze zurückzukommen.
  b) Die Nummern werden auf Paare verteilt. Bei der Ausrufung der Nummer laufen beide Spieler heraus und versuchen, einen zwischen beiden Gruppen liegenden Gegenstand wegzunehmen. Derjenige gewinnt, der als Erster den Gegenstand in seine Gruppe bringt.

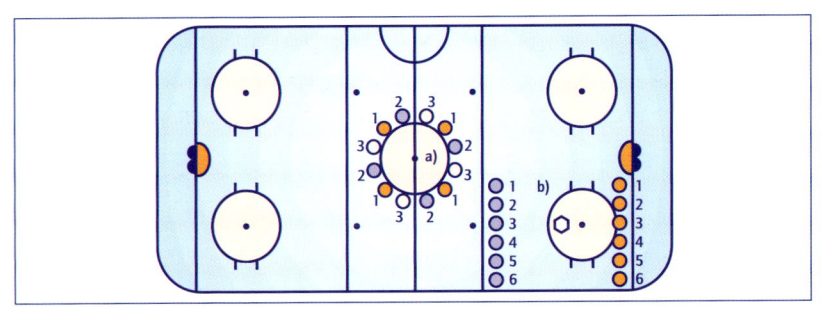

15. Die Spieler laufen in einer Reihe hintereinander und versuchen, den Ersten, der verschiedene Bewegungen, Richtungsänderungen usw. durchführt, nachzumachen. Die Spieler können sich dabei auch an den Händen oder Hüften fassen.

EISHOCKEY
GRUNDLAGEN

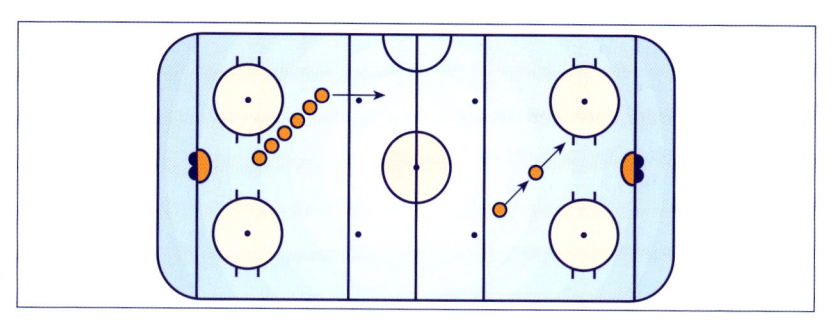

16. Der Trainer wechselt zwischen verschiedenen Signalen. Bei einem Signal (Arme in der Hochhalte) laufen alle Spieler vorwärts, bei einem anderen (Arme in der Seithalte) übersetzen sie auf die angegebene Seite usw.

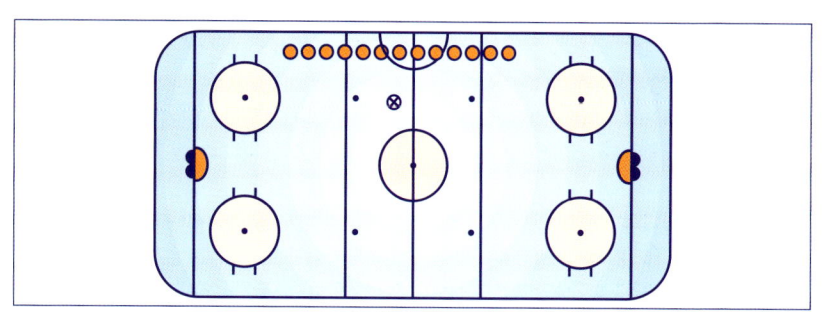

17. Die Spieler bewegen sich frei auf dem Spielfeld. Auf Signal bleiben sie sofort stehen und dürfen sich nicht mehr bewegen. Wer sich trotzdem bewegt, bekommt einen Strafpunkt.

18. Die Spieler bilden Reihen mit höchstens fünf Spielern. Der erste Spieler in einer Reihe verfolgt den Letzten in der zweiten Reihe, wobei der Erste in der verfolgten Reihe versucht, dies zu verhindern. Die Reihen dürfen dabei nicht auseinanderfallen.

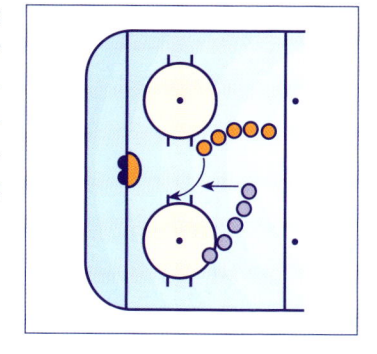

KLEINE BEWEGUNGSSPIELE AUF DEM EIS

19. Die Spieler sind in Mannschaften (jeweils fünf) verteilt und bilden eine Reihe – „Zug". Sie fassen die Hüfte des vor ihnen stehenden Spielers. Der „Zug" kommt so vorwärts, indem sich alle Spieler gleichmäßig abstoßen (mit dem gleichen Bein und mit der gleichen Intensität). Der erste Spieler bestimmt die Richtung und führt den „Zug".

Varianten:
  a) Auf Signal bewegt sich der ganze „Zug" mittels Kniebeugen.
  b) Eine Gruppe bildet einen Tunnel, die andere kommt mit Kniebeugung durch.

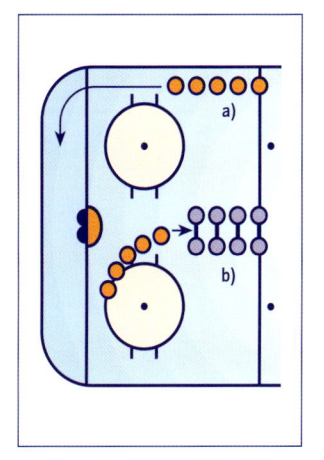

20. Die verfolgten Spieler dürfen nur rückwärts laufen in einem begrenzten Feld. Der Verfolger läuft vorwärts mit hinter dem Rücken verschränkten Armen. Er kann jemanden nur durch Kopfberührung an der Brust fangen. Falls sich jemand der Verfolgten ins Vorwärtslaufen umdreht, muss er Verfolger werden.

21. Die Spieler laufen in einer Reihe in gleichen Abständen um das Spielfeld herum. Auf Kommando versuchen die Spieler die vor ihnen laufenden Spieler zu fangen und gleichzeitig dürfen sie nicht von den folgenden Spielern gefangen werden. Wem es nicht gelingt, bekommt einen Strafpunkt.

Variante:
  Die Spieler (jeweils 4-6) laufen auf den Bullykreisen. Das Spiel wird in beide Richtungen ausgeführt.

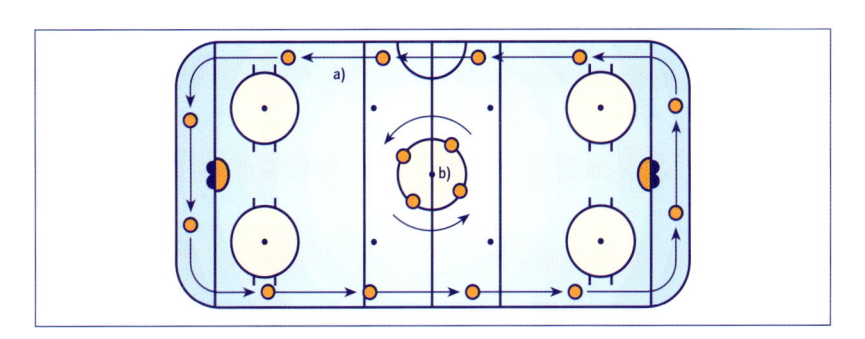

EISHOCKEY
GRUNDLAGEN

22. Die Spieler stehen in einer Reihe auf der Mittellinie und fassen sich an den Händen (alle frontal in gleicher Richtung). Auf Signal laufen die Mannschaften so schnell wie möglich um die gegenüberliegenden Bullykreise herum. Die Mannschaften dürfen sich dabei nicht abtrennen.

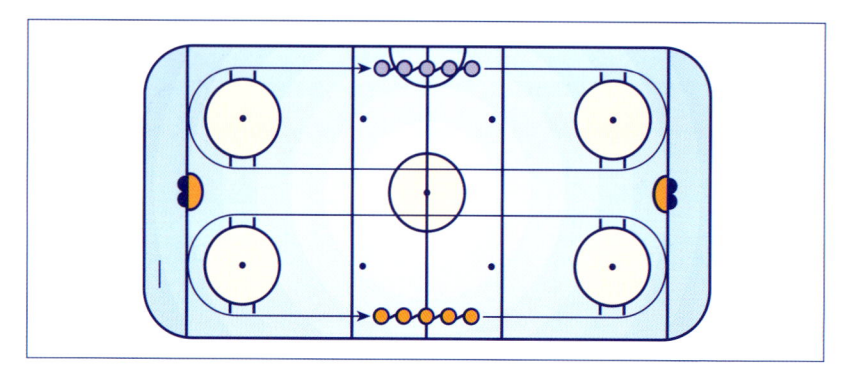

23. Vier Gruppen stehen auf den Seiten eines imaginären Quadrats. Auf Signal versuchen sie, die Positionen baldmöglichst zu wechseln. Dabei werden alle möglichen Laufrichtungen (gerade, diagonal, seitlich) benutzt.

24. Die Spieler stehen auf der blauen Linie frontal zur anderen blauen Linie. Auf Signal laufen sie zur blauen Linie los, auf ein anderes Signal drehen sie sich um und laufen zurück. Währenddessen können mehrere Signale kommen. Dennoch muss die Laufrichtung jeweils gewechselt werden. Die Spieler wissen nicht, welche Linie als Ziel bestimmt wird.

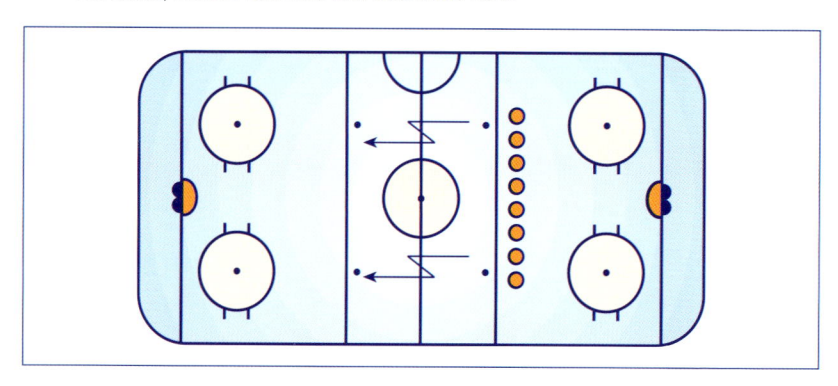

KLEINE BEWEGUNGSSPIELE AUF DEM EIS

25. Die Spieler stehen im Bullykreis zu zweit hintereinander. Ein ausgewählter Spieler verfolgt den anderen rund um den Kreis. Der Verfolgte rettet sich dadurch, dass er sich vor ein beliebiges Paar in den Kreis hineinstellt. Dadurch wird der hintere Spieler dieses Paars Verfolger und der ehemalige Verfolger der Verfolgte. Wenn der Verfolgende den Verfolgten gefangen hat, werden die Rollen getauscht.

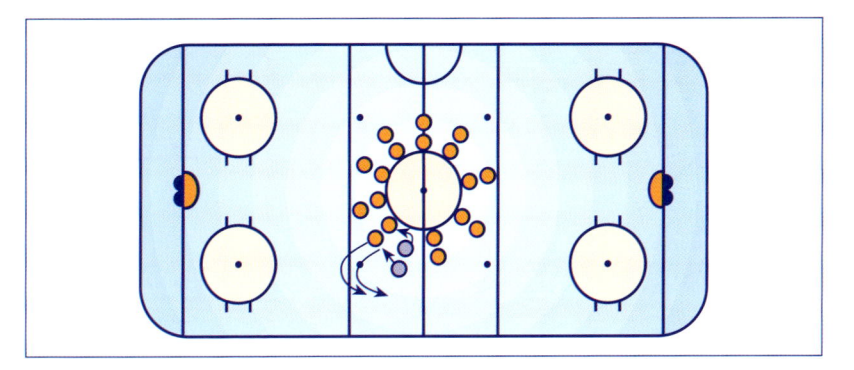

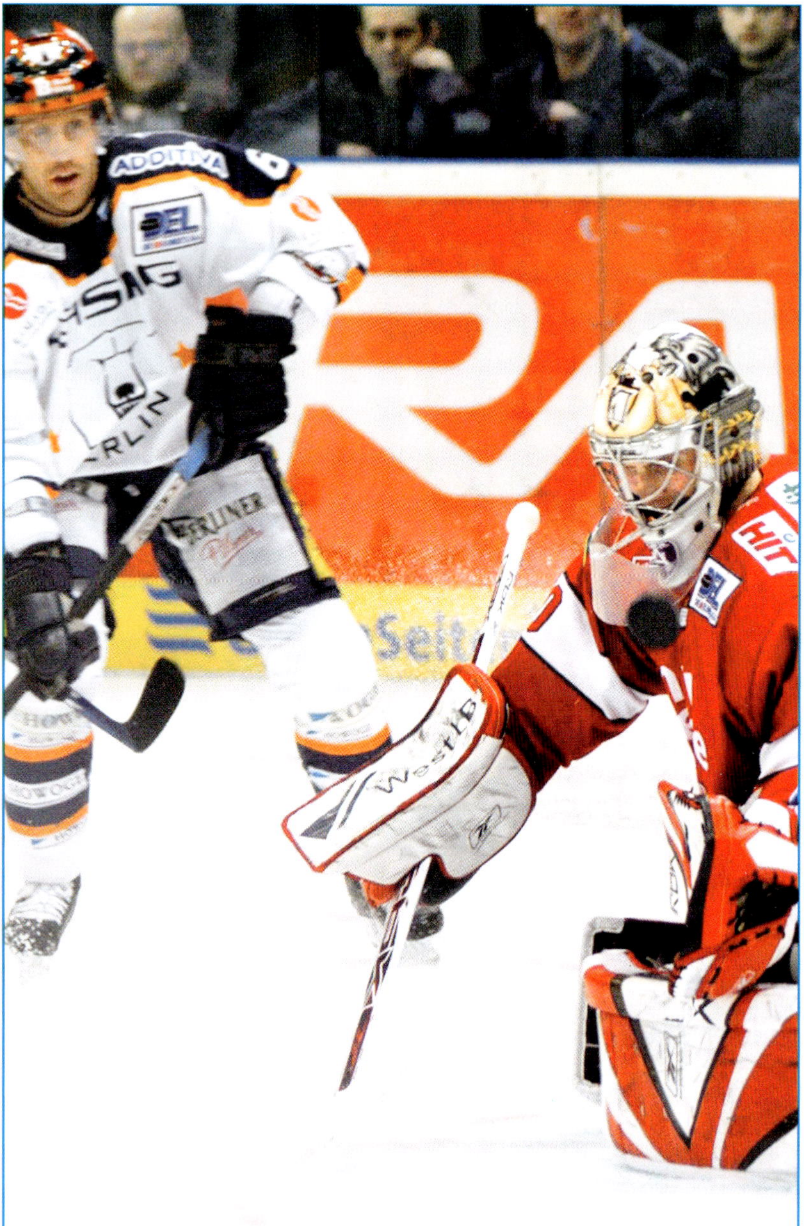
ADDITIVA

12 EISLAUFÜBUNGEN

Übung 1
Die Spieler befinden sich in zwei Gruppen in den Ecken (diagonal) des Spielfeldes. Die erste Gruppe läuft Slalom mit kurzen Bögen, die zweite Gruppe läuft vorwärts und wechselt zwischen den blauen Linien nach dem Anhalten 2 x die Laufrichtung.

Übung 1

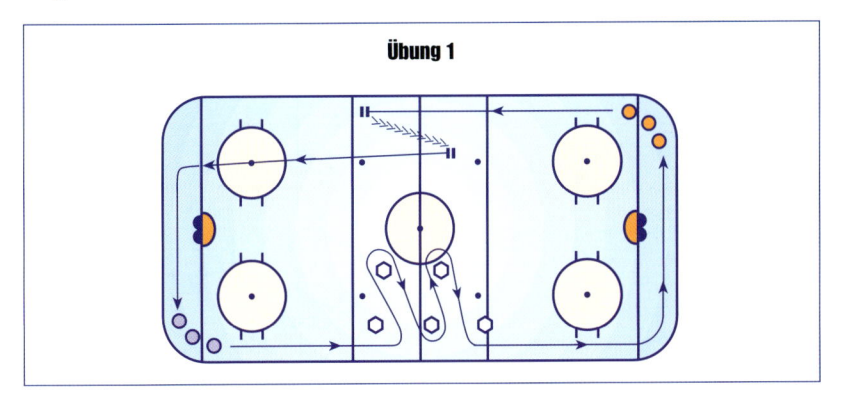

Übung 2
Die Spieler laufen Slalom um die Bullykreise in die gegenüberliegende Ecke des Spielfeldes. Zurück laufen sie rückwärts entlang der Bande.

Übung 2

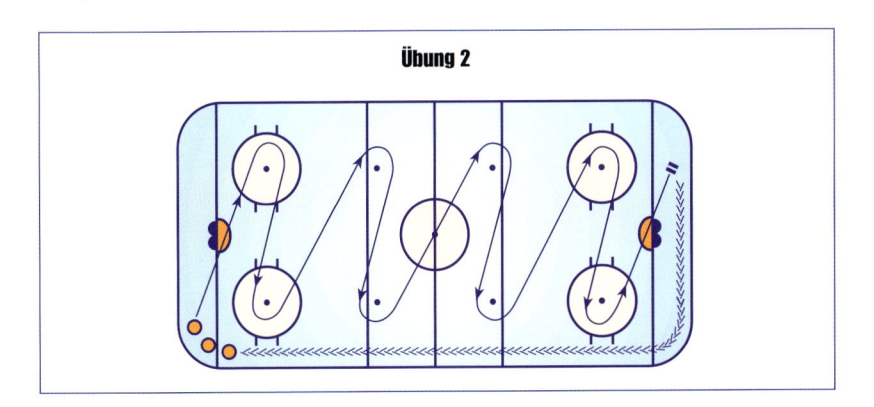

EISHOCKEY
GRUNDLAGEN

Übung 3
Die Spieler starten in der Ecke der Endzone. Den ersten Slalomteil laufen sie mit kurzen Bögen, den zweiten dann mit Übersetzen.

Übung 4
Die Übung zielt auf die Schulung des Vorwärts-, Rückwärtslaufens und der Seitwärtsbewegungen (für das Übersetzen).

Übung 5
Die Spieler laufen zwei Runden auf dem Bullykreis, dann zur blauen Linie und nach dem Anhalten rückwärts an die Bande und hinter der Torlinie zurück zur Mannschaft.

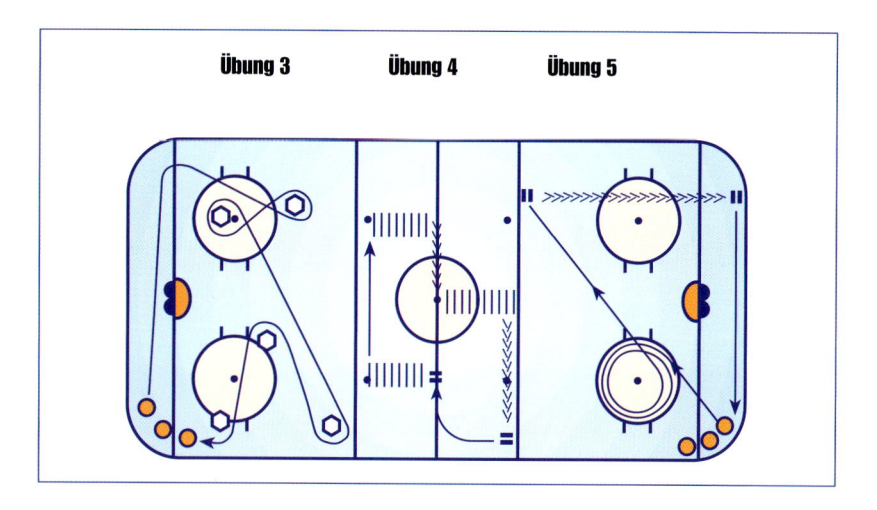

Übung 6
Ein Bullykreis wird mit Übersetzen vorwärts und der andere mit kurzen Bögen (in beide Richtungen) gelaufen.

Übung 7
Die Spieler überspringen und unterlaufen abwechselnd die Hürden. Entlang der Bande laufen sie jeweils rückwärts.

EISLAUFÜBUNGEN

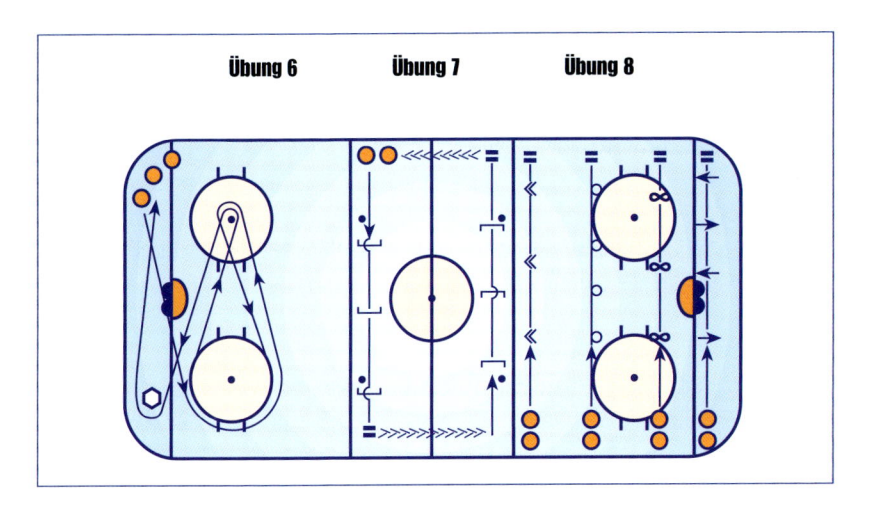

Übung 6   Übung 7   Übung 8

Übung 8
Die Spieler führen verschiedene Gewandtheitsübungen (Kniebeugen, Hüpfen, Drehungen, Umwälzen, Knien usw.) aus.

Übung 9
Die Spieler sind in Mannschaften zu fünft verteilt. Übersetzen vorwärts und rückwärts wird auf dem Bullykreis geübt. Jeweils zwei Kreise in der gleichen Richtung.

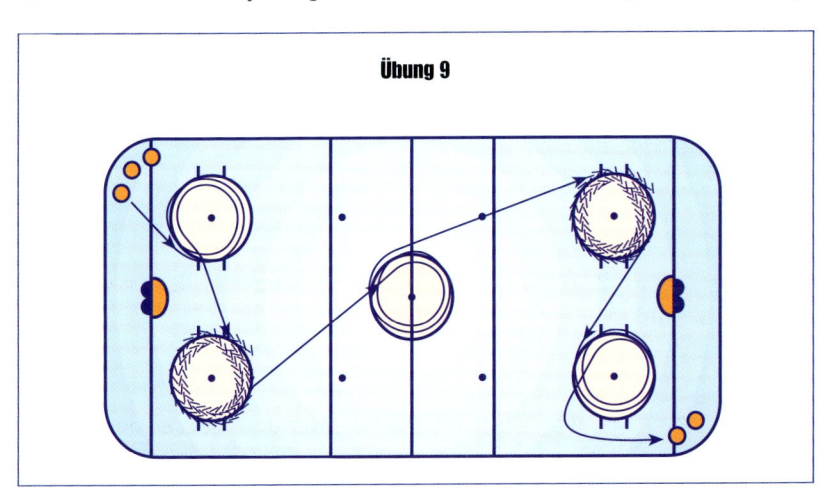

Übung 9

Übung 10
Die Spieler befinden sich in zwei Gruppen in gegenüberliegenden Ecken des Spielfeldes. Die erste Gruppe läuft vorwärts zur blauen Linie, auf der Linie bewegt sie sich seitwärts, ungefähr bis zur Mitte des Spielfeldes und kommt durch Vorwärtslaufen zur zweiten blauen Linie weiter. Hier folgen nochmals Seitwärtsbewegungen und das Vorwärtslaufen in die Ecke. Die zweite Gruppe absolviert die Strecke in ähnlicher Weise, anstatt vorwärts zu laufen läuft sie rückwärts.

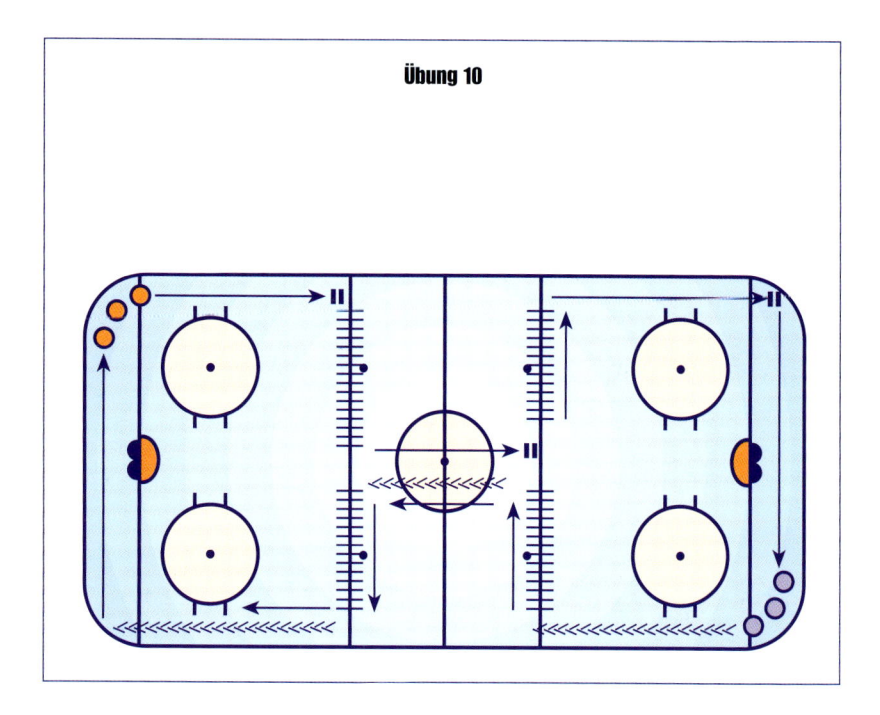

Übung 10

Übung 11
Die Spieler laufen eine Slalomstrecke mit Hürden, über die sie rückwärts springen und laufen in die Ausgangsstellung.

Übung 12
Auf der anderen Seite des Spielfeldes laufen die Spieler mit Übersetzen vorwärts und zurück in die Ausgangsstellung mit Übersetzen rückwärts.

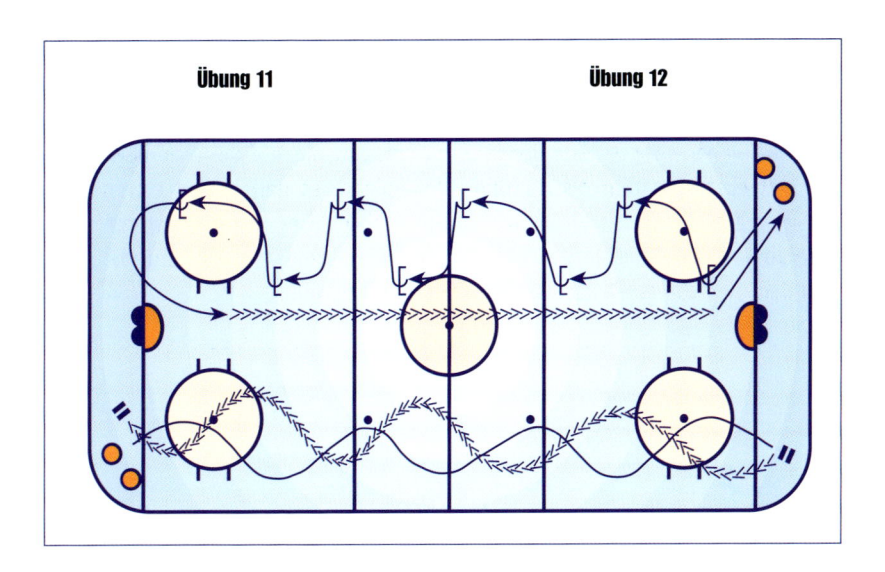

EISLAUFÜBUNGEN

Übung 11 **Übung 12**

Übung 13
Die Spieler laufen vorwärts diagonal auf den Linien, auf denen sie jeweils anschließend rückwärts laufen.

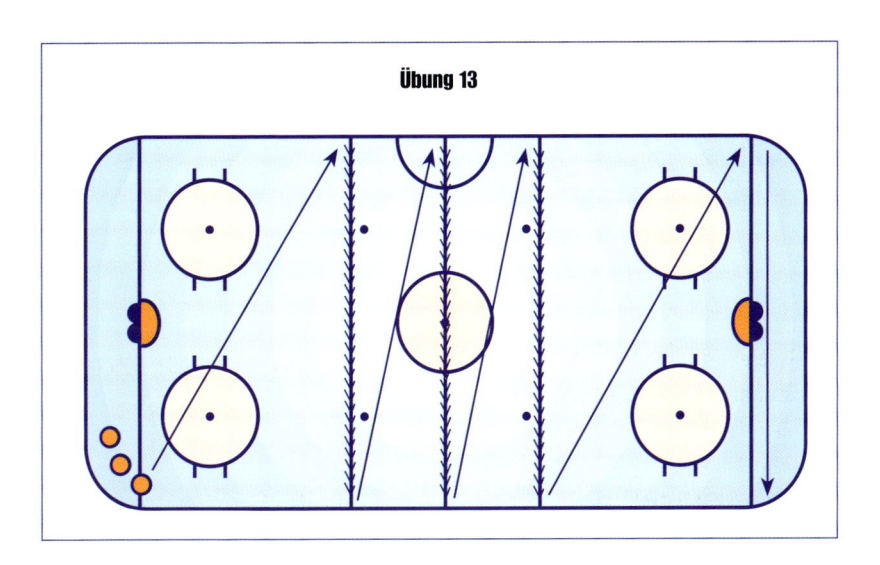

Übung 13

EISHOCKEY
GRUNDLAGEN

Übung 14
Eine Slalomstrecke besteht aus Hürden, die abwechselnd übersprungen und unterlaufen werden.

Übung 15
Ein Slalom besteht aus kurzen und langen Bögen und Hürden, über die die Spieler springen.

Übung 16
Die Strecke für gewandtes Eislaufen besteht abwechselnd aus dem Vorwärts-, Rückwärtslaufen und dem Springen über Hürden.

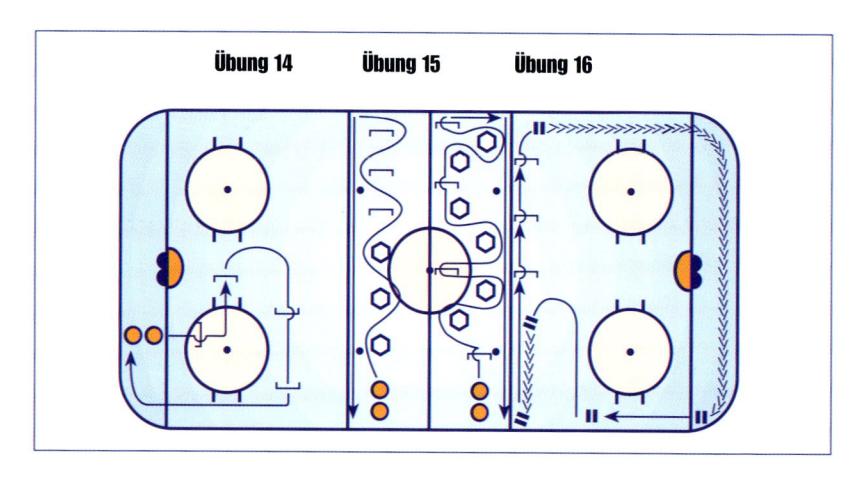

Übung 17
Die Spieler laufen mit kurzen Bögen um die Kegel.

Übung 18
Die Strecke besteht aus Hürden, über die die Spieler in der ersten Runde springen und die im zweiten Durchgang als Slalomkegel dienen.

Übung 19
Die Spieler laufen Slalom um die Kegel vorwärts mit kurzen Bögen.

EISLAUFÜBUNGEN

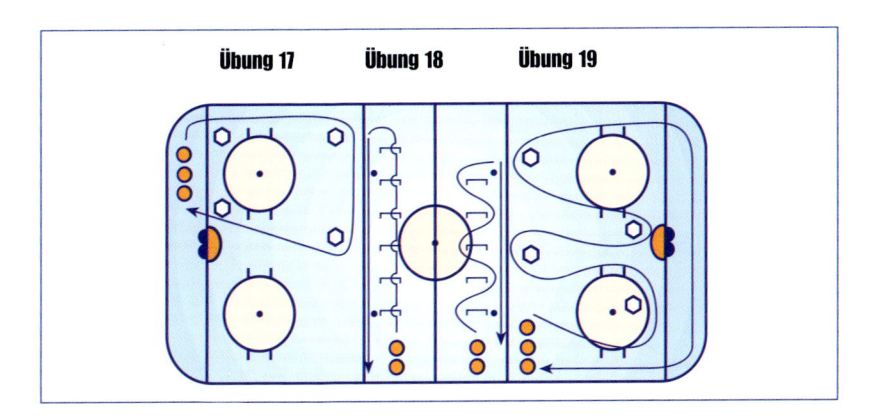

Übung 17 **Übung 18** **Übung 19**

Übung 20
Die Spieler sind in zwei Gruppen geteilt. Es werden Wettbewerbe um die Kegel mit verschiedenen Laufvarianten (vorwärts, rückwärts usw.) durchgeführt.

Übung 21
Die Spieler laufen vorwärts, der Trainer zeigt, in welche Richtung sie einen Bogen ausführen sollen.

Übung 22
Zwei Mannschaften laufen rückwärts zur blauen Linie, hier bewegen sich die Spieler seitwärts und im Vorwärtslaufen entlang der Bande übt die andere Mannschaft.

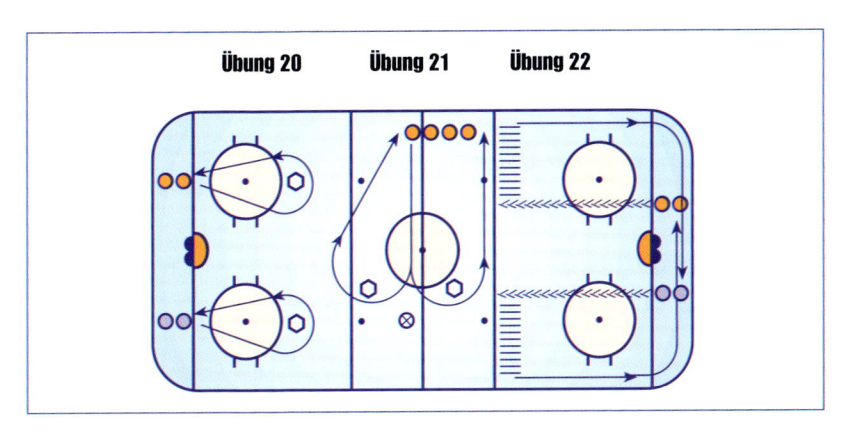

Übung 20 **Übung 21** **Übung 22**

EISHOCKEY
GRUNDLAGEN

Übung 23
Die Spieler führen das Vorwärts-, Rückwärtslaufen und die Seitwärtsbewegungen durch, um die Endzone herum.

Übung 24
Die Spieler hüpfen seitwärts beidbeinig über die Stöcke.

Übung 25
Die Spieler laufen den „Achter" vorwärts mit kurzen Bögen um die aufgelegten Stöcke herum.

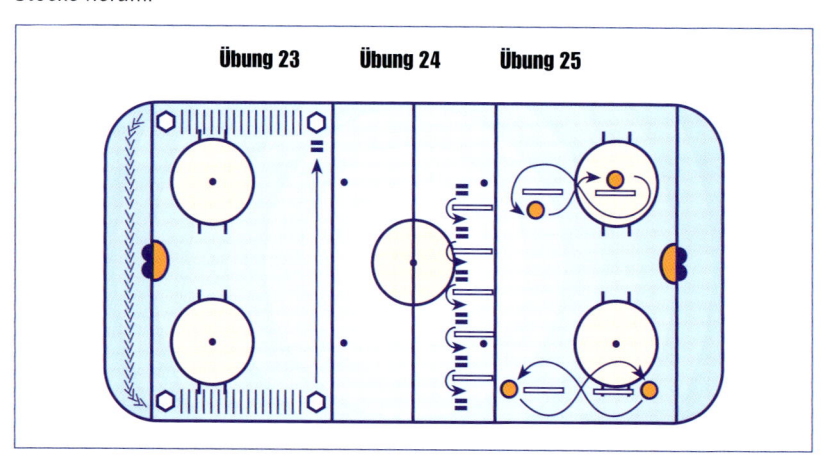

Übung 26
Auf den Bullykreisen übersetzen die Spieler rückwärts, wobei sie zwischen den Kreisen vorwärts laufen.

Übung 27
Die Spieler bewegen sich zunächst seitwärts, dann folgt ein Slalom mit Hürdenspringen und das Rückwärtslaufen mit einer Drehung in das Vorwärtslaufen.

Übung 28
Auf der Slalomstrecke laufen die Spieler um jeden Kegel mit dem kurzen Bogen herum und entlang der Bande kommen sie rückwärts zurück in die Ausgangsstellung.

EISLAUFÜBUNGEN

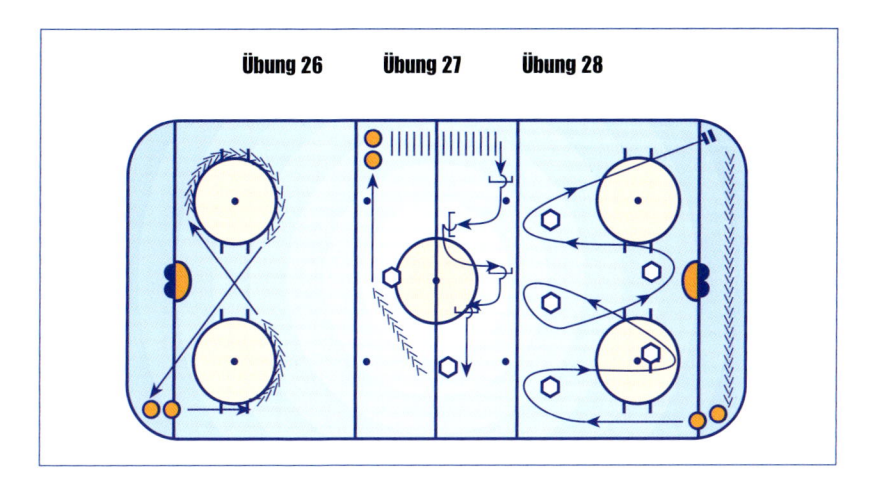

Übung 26   Übung 27   Übung 28

Übung 29
Auf der Slalomstrecke halten die Spieler nach dem kurzen Bogen an und starten vorwärts.

Übung 30
Verschiedene Staffelvarianten mit gewandtem Eislaufen (mit kurzen Bogen um die Kegel, Anhalten, Starts, Drehungen in den Bogen, Anhalten und Start in das Rückwärtslaufen usw.).

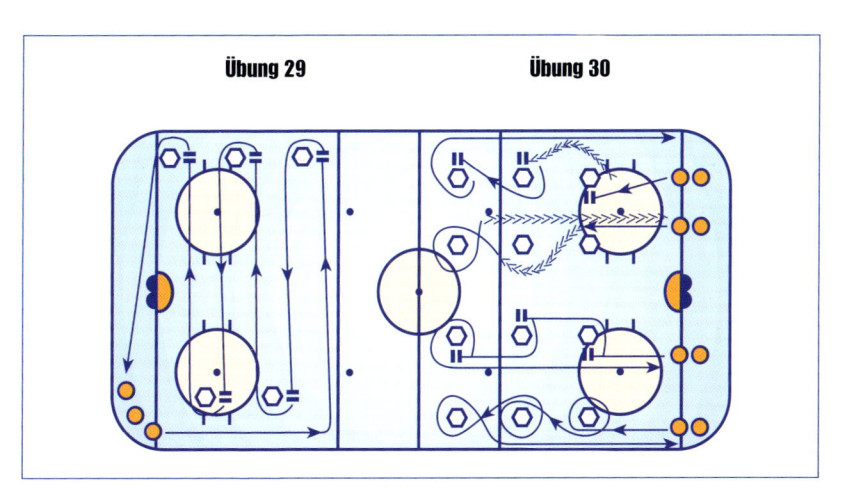

Übung 29   Übung 30

EISHOCKEY
GRUNDLAGEN

Übung 31
Eine Slalomstrecke mit abwechselnden kurzen und langen Bögen.

Übung 32
Die Stöcke liegen auf dem Eis in zwei nicht weit voneinander entfernten Reihen. Der Spieler läuft in der so entstandenen Lücke auf einem Bein und versucht, eine gerade Spur zu halten.

Übung 33
In der Endzone laufen die Spieler in eine Richtung vorwärts mit Anhalten und anschließend rückwärts in die andere Richtung.

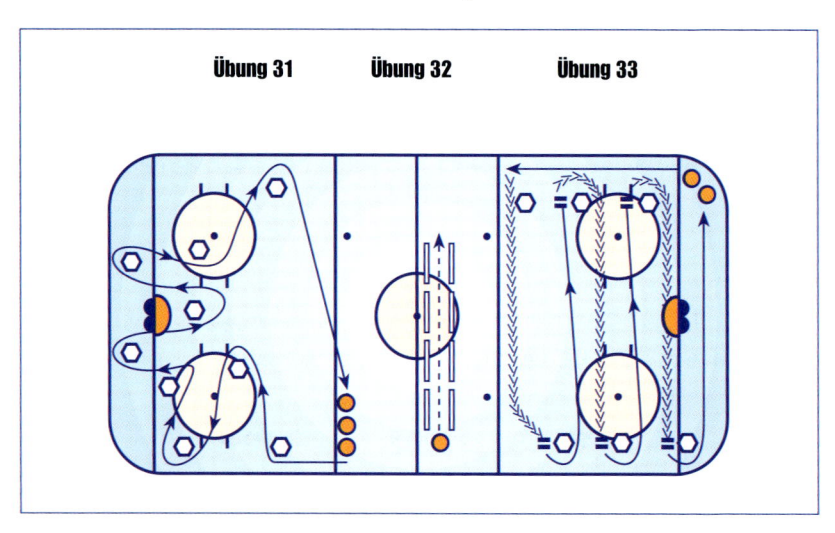

Übung 31   Übung 32   Übung 33

Übung 34
Der „Achter" um die Bullykreise, jeder Kreis wird 3 x umlaufen.

Übung 35
In der neutralen Zone überspringen und unterlaufen die Spieler die Hürden, entlang der Bande bewegen sie sich seitwärts, auf der blauen Linie laufen sie rückwärts, auf der anderen Seite drehen sie sich um und laufen vorwärts zurück in die Ausgangsstellung.

EISLAUFÜBUNGEN

Übung 36
Die Spieler laufen eine Slalomstrecke vorwärts und hinter der Torlinie wieder rückwärts.

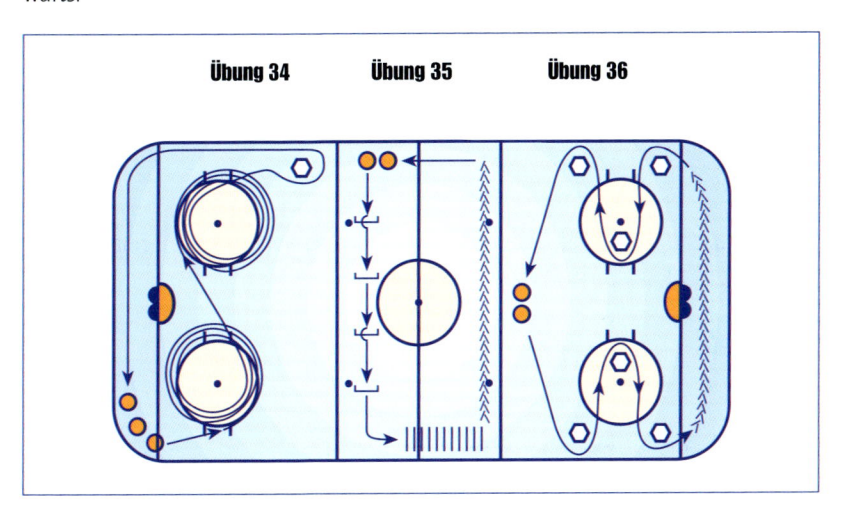

Übung 37
Die Spieler (in zwei Gruppen) laufen gleichzeitig von beiden Ecken los. Nach der Slalomstrecke bleiben sie in der anderen Ecke des Spielfeldes.

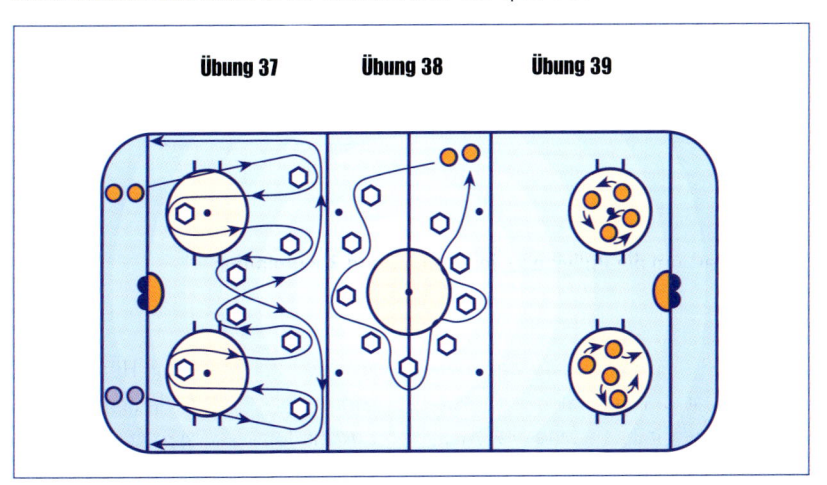

EISHOCKEY
GRUNDLAGEN

Übung 38
Die Spieler laufen die ganze Slalomstrecke mit Übersetzen vorwärts.

Übung 39
Die Spieler bewegen sich nur im Raum der Bullykreise, wobei die anderen Spieler ausweichen müssen.

Übung 40
Verschiedene Eislaufvarianten auf der Slalomstrecke (Übersetzen vorwärts und rückwärts, Vorwärtslauf – Anhalten – Rückwärtslauf – Anhalten, kurze Bögen um den Ständer usw.).

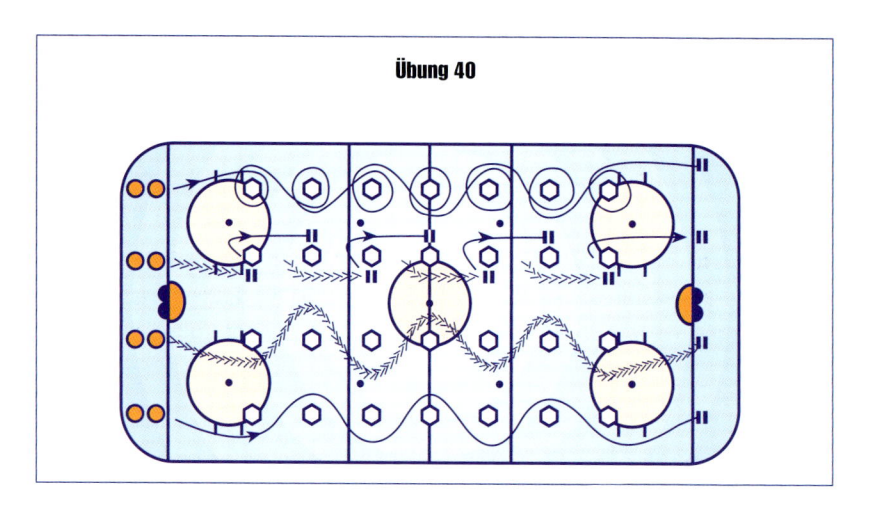

Übung 40

Übung 41
Die Spieler laufen Slalom um Ständer, die sich auf den Bullykreisen befinden.

Übung 42
Vorwärtslauf über das Spielfeld – Drehung – Rückwärtslauf – Drehung – Vorwärtslauf.

EISLAUFÜBUNGEN

Übung 43
Die Spieler laufen quer durch die Endzone des Spielfeldes, wobei sie mit kurzen Bögen um die Ständer und zurück entlang der blauen Linie kommen.

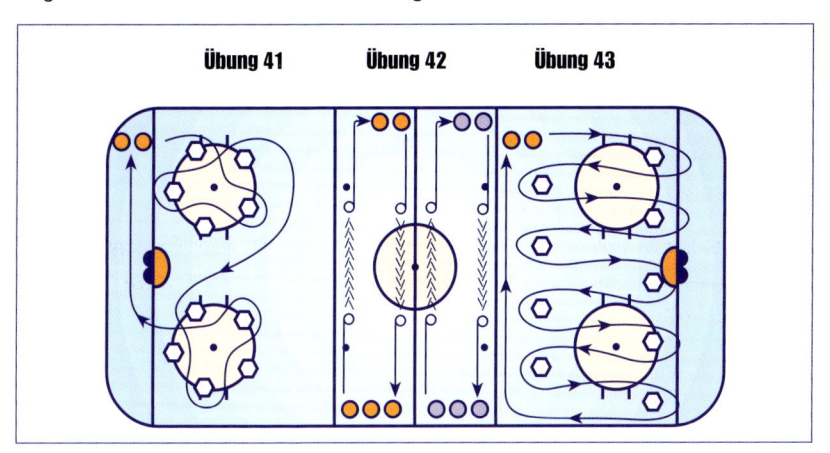

Übung 44
Auf einer Seite des Spielfeldes laufen die Spieler Slalom um die Ständer vorwärts mit Übersetzen, auf der anderen Seite üben sie verschiedene Eislaufvarianten (Anhalten, Rückwärtslauf, Vorwärtslauf mit Drehungen, kurze Bögen um die Ständer).

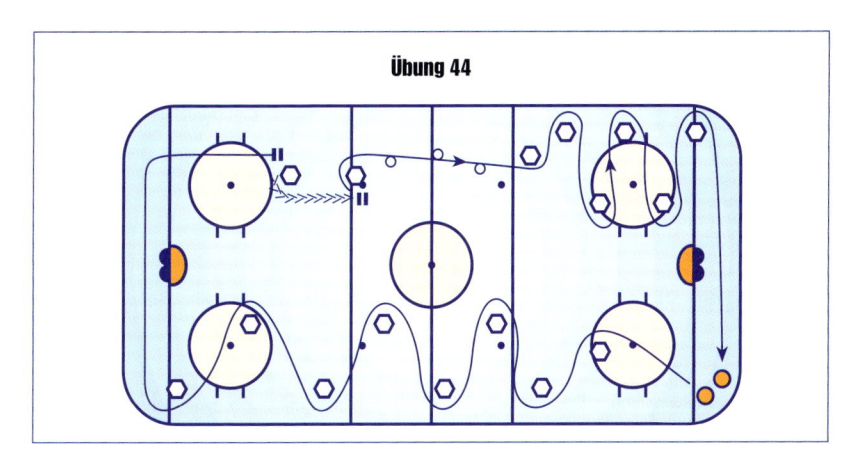

GRUNDLAGEN

Übung 45

Die Spieler führen gleiche Übungen in beiden Endzonen des Spielfeldes aus. Sie laufen von der Ecke los, drehen sich zum Rückwärtslaufen um, so laufen sie durch die Slalomstrecke, nachher kommt wiederum eine Drehung und sie springen über Hürden. Ebenfalls wird anschließend auch der zweite Teil der Strecke zurückgelegt.

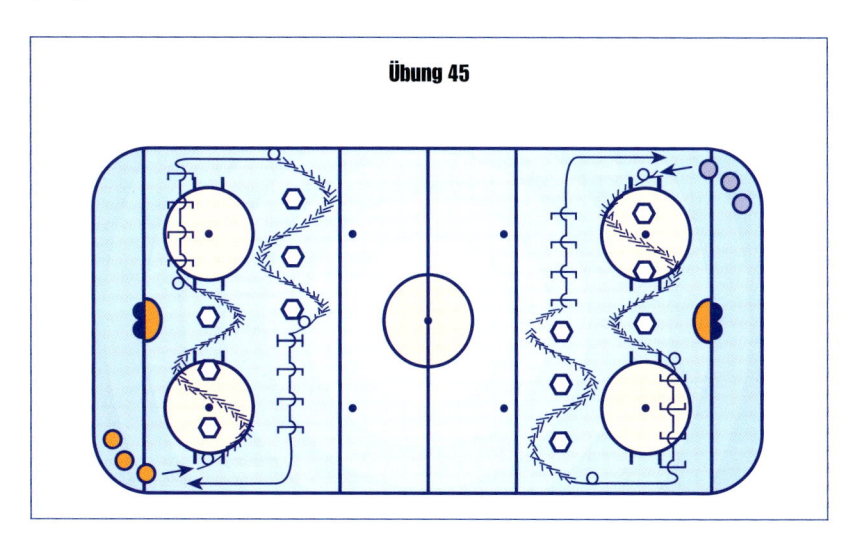

Übung 45

EISLAUFÜBUNGEN

SYMBOLE

⊗ Trainer

● ○ Spieler

→ Vorwärtslauf

≪≪≪≪ Rückwärtslauf

⊣ Anhalten

⊸ Drehung

⊥ Sprung über die Hürde

⊐ Lauf unter der Hürde durch

≪ Knien

↓ Kniebeuge

↑ Aufsprung

∞ Umwälzen

| | | Seitwärtsbewegung – es handelt sich um eine spezielle Übung für das Übersetzen der Beine – seitwärts laufen mit Beinkreuzen

⬡ Trainingsgeräte und Hilfsmittel (Kegel, Ständer)

▭ Eishockeystock

FOTOS
BILDNACHWEIS

BILDNACHWEIS:

Zeichnungen: Jana Tvrznikova
Fotos (Innenteil):   Imago Sportfotodienst GmbH, Berlin
Fotos (Umschlag):   Imago Sportfotodienst GmbH, Berlin
Umschlaggestaltung: Jens Vogelsang, Aachen